ARQUEOLOGIA DE NAZARÉ NOS TEMPOS DE JESUS

Dados Internacionais de Catalogação na Publicação (CIP)
(Câmara Brasileira do Livro, SP, Brasil)

Dark, Ken
Arqueologia de Nazaré nos tempos de Jesus / Ken Dark ; tradução de José Maria Gomes de Souza Neto e Luciana Chagas. – Petrópolis, RJ : Vozes, 2025.

Título original: Archaeology of Jesus' Nazareth.
ISBN 978-85-326-7196-7

1. Arqueologia 2. Bíblia – Ensinamentos 3. Convento das Irmãs de Nazaré (Nazaré, Israel) 4. Cristianismo 5. Jesus Cristo 6. Nazaré (Israel) – Antiguidades I. Souza, José Maria Gomes de. II. Chagas, Luciana. III. Título.

25-252412 CDD-933.45

Índices para catálogo sistemático:
1. Nazaré : Israel : Arqueologia 933.45

Eliete Marques da Silva – Bibliotecária – CRB-8/9380

Ken Dark

ARQUEOLOGIA DE NAZARÉ NOS TEMPOS DE JESUS

Tradução de José Maria Gomes de Souza Neto
e Luciana Chagas

EDITORA VOZES

Petrópolis

Esta obra foi publicada originalmente em inglês no ano de 2023. A presente tradução é publicada mediante acordo com a Oxford University Press. A Editora Vozes é a única responsável por esta tradução e a Oxford University Press não se responsabiliza por qualquer erro, omissão ou informações imprecisas ou ambíguas eventualmente encontradas ou por qualquer perda causada pela confiança nela depositada.

Tradução do original em inglês intitulado *Archaeology of Jesus' Nazareth*

Direitos de publicação em língua portuguesa – Brasil:
2025, Editora Vozes Ltda.
Rua Frei Luís, 100
25689-900 Petrópolis, RJ
www.vozes.com.br
Brasil

Editoração: Débora Spanamberg Wink
Diagramação: Editora Vozes
Revisão gráfica: Fernando Sergio Olivetti da Rocha
Capa: Ygor Moretti
Ilustração de capa: Ken Dark. Figura 1.12 do caderno iconográfico.

ISBN 978-85-326-7196-7 (Brasil)
ISBN 978-0-19-286539-7 (Reino Unido)

Este livro foi composto e impresso pela Editora Vozes Ltda.

Sumário

Agradecimentos

Meu trabalho em Nazaré e arredores só foi possível em razão da permissão e do apoio oferecidos pela Autoridade de Antiguidades de Israel. Também devo gratidão, claro, às Irmãs de Nazaré por me autorizarem a trabalhar no convento, bem como por todo o auxílio que me prestaram, em especial a madre superiora atuante em 2006, Irmã Margherita, e sua sucessora, Irmã Stefania.

Ifan Edwards é o responsável pela maioria das ilustrações contidas neste livro, tendo contado com a assistência, em campo, de Helen Robertson. Mitchell Pollington produziu as plantas detalhadas do "Porão" do Convento das Irmãs de Nazaré e da pedreira reproduzida neste material.

É evidente que também sou grato pela ajuda que recebi de outros integrantes da equipe de pesquisadores britânicos em Nazaré; eles estão devida e individualmente citados em meus dois livros anteriores, assim como fiz com os muitos amigos e colegas com quem discuti questões acerca da arqueologia de Nazaré. O trabalho de campo abordado nesta obra foi patrocinado pelo Fundo de Exploração Palestino e pelo Grupo de Pesquisas sobre a Antiguidade Tardia, duas organizações arqueológicas acadêmicas britânicas de cunho secular e sem interesses políticos.

Lista de figuras

Prefácio

Objetivo, fontes e referências

Nazaré – hoje uma pequena cidade na região da Galileia, ao norte de Israel – é mais conhecida, evidentemente, por ser o lugar onde, segundo os evangelhos, Jesus Cristo cresceu e viveu no início do primeiro século da era cristã. Pode-se imaginar que, por conta disso, muitos arqueólogos devem ter se interessado por trabalhar em Nazaré. Mas, na verdade, essa cidade foi expressivamente negligenciada por tais profissionais entre o início dos anos de 1970 e a época em que comecei a me dedicar à arqueologia local, em 2004.

Este livro foi escrito com vistas a explicar, depois de 18 anos de pesquisa, o que sabemos, ou o que podemos compreender de maneira razoável, acerca da Nazaré do primeiro século e de seu entorno mais próximo. Quase toda a informação de que dispomos sobre esse assunto, afora os evangelhos, vem da arqueologia, o que justifica o título desta obra.

De modo mais específico, o propósito deste texto é responder às perguntas que mais me fazem em relação ao meu trabalho em Nazaré, perguntas essas feitas por gente que não lida com arqueologia.

Além disso, esta obra visa desfazer alguns mal-entendidos relativos ao tema, os quais se originam, sobretudo, de artigos de imprensa.

Assim, embora aqui estejam contidas novas interpretações possivelmente interessantes a arqueólogos profissionais, historiadores e especialistas em estudos bíblicos, o principal objetivo é expor, a leitores desvinculados da arqueologia, resultados de pesquisas publicadas, em sua maioria, em termos acadêmicos. Minha esperança é que este conteúdo promova uma nova compreensão do que a arqueologia de fato nos revela a respeito da Nazaré do primeiro século – a Nazaré de Jesus.

Por essa razão, este livro reúne informações extraídas de três das minhas primeiras publicações acadêmicas. O capítulo 2 tem por base o livro que publiquei em 2020, *Roman-period and Byzantine Nazareth and its Hinterland* [Nazaré e seus rincões durante os reinados romano e bizantino]. O restante baseia-se no livro que lancei no ano seguinte, *The Sisters of Nazareth Convent* [O Convento das Irmãs de Nazaré], e também numa aula expositiva intitulada "Returning to the caves of mystery" [Voltando aos subterrâneos misteriosos], que apresentei em 2016 no âmbito das chamadas Henry Myers Lectures, promovidas pelo Real Instituto de Antropologia da Grã-Bretanha e da Irlanda. Em 2020, o conteúdo dessa aula foi publicado na revista acadêmica de arqueologia *Strata*.

Meus dois primeiros livros abrangem um intervalo temporal bem maior do que aquele abordado nesta obra. Aqui, são discutidas apenas as evidências acerca do primeiro século da era cristã – ou evidências que, embora remetam a períodos posteriores, sejam relevantes para a compreensão da Nazaré do primeiro século. A quem tiver interesse em conhecer a Nazaré bizantina (ou a que a sucedeu) e seus arredores mais próximos, sugiro a consulta àqueles dois livros.

Uma prova de como foi diminuta a atenção arqueológica dedicada a Nazaré é o fato de haver, no que tange ao assunto desta obra, apenas cinco publicações mais recentes relativas ao trabalho de campo em que meus dois primeiros livros basearam-se, além de cinco relatórios breves pautados no trabalho de campo realizado pela Autoridade de Antiguidades de Israel – listados nas referências.

Três dessas publicações afirmam que recipientes em calcário – tais como copos de cerâmica e outros repositórios feitos em pedra – foram produzidos em Roma por um período mais longo do que se julgava até então. Isso em nada influencia os argumentos e a interpretação expostos em meus livros anteriores, nem os que ofereço aqui.

O recente e muitíssimo interessante artigo sobre a "Inscrição de Nazaré" (Harper *et al.*, 2020) mostra que eu e outros estudiosos estávamos quase que absolutamente certos ao supor que ela não tinha nada a ver com a cidade de Nazaré. Isso é discutido de maneira oportuna no capítulo 2.

O livro de David Fiensy (2021), escrito sob a perspectiva de um estudioso da Bíblia, tem menor relevância imediata para Nazaré, mas inclui alguns exemplos extraídos da arqueologia local (Figura 4.7 da página 96 do livro dele). Apresentando um contexto interessante – no qual se podem alocar as interpretações discutidas no capítulo 6 desta obra –, o tratado de Fiensy é leitura válida para todos os que buscam informações acerca da Terra Santa do primeiro século.

Nas referências incluem-se indicações bibliográficas completas relativas às três publicações que lancei há mais tempo, bem como às obras mais recentes. Também são citados livros que contribuem para a inserção do meu trabalho no contexto de outros estudos sobre a arqueologia de Nazaré e a da região da Galileia (também chamada "A Galileia"), na qual Nazaré se localiza.

Terminologia e escalas temporais

Em concordância com as convenções usuais dos estudos britânicos – e de muitos outros estudos europeus – de arqueologia romana, as datações são aqui apresentadas conforme o sistema d.C./a.C., em detrimento do sistema EC/AEC amplamente utilizado nas arqueologias estadunidenses e israelenses. Caso você prefira o sistema EC/AEC, é fácil efetuar a conversão, pois 1 EC equivale a d.C. 1; e 1 AEC, a 1 a.C. Por conveniência, a região hoje situada nos atuais limites de Israel e dos territórios palestinos é aqui denominada "Terra Santa".

Os principais períodos históricos a que este livro diz respeito são: o período helenista, do quarto século a.C. até a dominação romana; o período romano, que, na Galileia, vai do último século a.C. até o fim do quarto século d.C.; e o período bizantino, o qual, nessa região, data do quinto ao sétimo século. Já perto de seu término, o período bizantino foi interrompido por uma invasão persa ocorrida no início do sétimo século e sucedido pela dominação muçulmana no fim desse mesmo século. O domínio muçulmano sobre Nazaré cessou quando cruzados europeus tomaram a cidade, em 1099. Os cruzados perderam Nazaré em 1187, mas seu efetivo controle sobre a cidade foi restaurado entre 1250 e 1263; depois disso, ela tornou a ser subjugada pelos muçulmanos.

Também se mostrará conveniente a divisão do período romano em dois. Aqui, consideramos que o período romano antigo estende-se até meados do terceiro século e que o período romano tardio abrange desde o fim desse século até o fim do século quarto. No início do quarto século, a política do Império Romano para com a Cristandade mudou, de maneira drástica, de uma mistura de perseguição e indiferença para apoio diligente.

Outros poucos termos arqueológicos podem se beneficiar de algum esclarecimento. Por convenção, adotamos o termo "trabalho de campo arqueológico" – na maioria das vezes reduzido para "trabalho de campo" – para nos referirmos a escavação científica e/ou levantamento arqueológico. O termo "corte" é empregado na arqueologia para designar uma face vertical de solo, tal como se vê quando se está nas margens de uma escavação científica; e "elevação" corresponde à face vertical de uma parede. De maneira análoga, "planta" consiste no mapa horizontal de uma superfície exposta por meio de escavação ou registrada mediante levantamento arqueológico. Aos fragmentos de cerâmica chamamos "cacos", e aos de vidro, denominamos "estilhaços".

O conceito de estratigrafia é fundamental para a datação de escavações arqueológicas. Segundo esse conceito, presume-se que toda camada (e aqui nos referimos a um sedimento razoavelmente horizontal de solo) que está acima de outra seja mais recente do que aquela sobre a qual está depositada. De igual modo, presume-se que um vestígio (um corte na superfície de uma camada ou de uma rocha natural subjacente; ou mesmo algo de outra natureza, como uma parede edificada sobre a superfície de uma camada) seja mais recente do que a camada/vestígio cortada ou do que a camada/vestígio a que esteja sobreposto. Esse conceito permite que o arqueólogo compreenda a sequência temporal em que as camadas e os vestígios formaram-se e, assim, entenda a cronologia da atividade humana em determinado sítio.

A datação de camadas e vestígios arqueológicos depende de dois outros conceitos. A lei estratigráfica do *terminus post quem* estabelece que toda camada tem data idêntica ou posterior àquela atribuída ao mais recente objeto "selado" nela encontrado. "Selado", nesse contexto, significa que não há evidência de que o objeto tenha sido adicionado à camada posteriormente – em razão de um animal tê-lo enterrado ou de raízes de plantas terem-no afundado, por exemplo. Assim, uma camada que contenha um caco selado de cerâmica romana será datada do período romano ou posterior.

A isso deve-se aliar outra lei estratigráfica, a saber, a do *terminus ante quem*, a qual estabelece que todo elemento (camada ou vestígio) cortado ou coberto por outro cuja datação seja inquestionavelmente conhecida – por conter inscrição onde se lê uma data exata ou por apresentar características distintivas de sua construção – tem datação idêntica ou anterior à do elemento que o cortou ou cobriu. Por conseguinte, se há a certeza de que uma parede data do primeiro século, seja pelo fato de ela incorporar uma inscrição que confirme isso, seja por conta do estilo de sua construção, toda camada ou vestígio que se localize abaixo dessa parede ou seja por ela atravessada deve datar no máximo do primeiro século.

Claro que, no fazer arqueológico, às vezes podemos recorrer à ciência laboratorial para estabelecer outros métodos de datação – como as datas radiocarbono –, mas, como veremos, eles tiveram pouca expressividade na arqueologia da Nazaré do primeiro século.

Pode ser útil explicitar alguns outros termos empregados neste livro e com os quais parte dos leitores talvez não esteja familiarizada. Assim como a maioria das áreas acadêmicas, a arqueologia utiliza-se muito de uma linguagem especializada – o que podemos chamar de "termos técnicos". Em geral, eu os evito sempre que é possível explicar algo em linguagem usual.

Por exemplo, os emblemáticos poços de armazenamento em forma de pera esculpidos em rocha e identificados na cidade de Nazaré à época do período romano são denominados "poços de armazenamento" ou "poços de armazenamento esculpidos em rocha" em vez de "silos" ou "silos piriformes", nomenclatura esta que recebem na maior parte dos descritivos acadêmicos da arqueologia de Nazaré.

Naturalmente, por vezes é necessário descrever algo cujo significado não se restrinja à área de domínio da arqueologia e, ainda assim, seja desconhecido por uma parcela de leitores, mesmo que outros o conheçam. Nesse cenário, talvez seja bom levar em conta as considerações a seguir.

Nas descrições de igrejas, convencionou-se chamar de "nave" o espaço congregacional onde as pessoas em geral se instalam, em pé ou sentadas, durante a celebração religiosa, e de "abside" a extremidade arredondada da edificação, em que fica o altar.

As cerimônias ocorridas durante cultos cristãos são chamadas de "liturgias", e as partes da igreja utilizadas sobretudo nessas ocasiões – como é o caso do altar – são, portanto, descritas como "instalações litúrgicas". Em certas publicações, também são denominadas "equipamentos eclesiásticos", mas, sendo este um termo muito impreciso (para mim, remete aos bancos onde as pessoas sentam-se), ele não é empregado nesta obra. De igual modo, "catedral" é a igreja em que atua o bispo, comumente maior do que todas as outras situadas no centro urbano em que se localiza. Em linguagem coloquial, todo polo urbano em que existe uma catedral pode ser chamado de cidade.

Na descrição de práticas agrícolas adotadas na Galileia, "prensa de azeite" é a instalação em que se produz óleo mediante a moagem de azeitonas, enquanto "prensa de vinho" corresponde à instalação equivalente na qual se produz vinho por meio da moagem de uvas. "Terraço agrícola" consiste em uma faixa de terra em área íngreme, como uma encosta, razoavelmente nivelada para fins de cultivo vegetal.

Veja outros termos específicos da arqueologia de Nazaré frequentemente usados:

- Parede 1 – principal parede da Estrutura 1 do sítio das Irmãs de Nazaré e respectivo prolongamento, que foi esculpida em rocha no sentido norte-sul, formando a parede sul da Chambre Obscure.
- Parede 2 – parede construída a leste da Parede 1.
- Chambre Obscure – pequeno aposento esculpido em rocha, no lado norte da Parede 1.
- Estrutura 1 – aposento parcialmente esculpido em rocha, formado pela Parede 1 e possivelmente pela versão original da Parede 2, além da Chambre Obscure.
- M4 – ampla parede de construção medieval que atravessa o Porão do sítio das Irmãs de Nazaré no sentido leste-oeste, com ligeira curvatura para a direção norte; serviu de suporte para a abóbada que cobria a área entre a Parede 1 e a Parede 2.
- Nahal Zippori – extenso vale entre Nazaré e a cidade que ficava a seu norte, chamada Séforis.
- Igreja da Nutrição – nome moderno dado à igreja construída pelos bizantinos no lugar onde estes acreditavam que ficasse a casa em que Jesus foi criado por Maria e José.

Estrutura do livro

A esta altura, pode ser útil apresentar a estrutura do livro. O capítulo 1 conta a história de como me envolvi com a arqueologia de Nazaré. O capítulo 2 descreve o que se sabe, em termos gerais, acerca da arqueologia de Nazaré no primeiro século.

Os capítulos 3 a 5 abordam o fascinante sítio das Irmãs de Nazaré, foco do meu próprio trabalho na região central dessa cidade nos tempos atuais. É nesse sítio em que está a famosa "Casa de Jesus" – provavelmente uma genuína estrutura doméstica (ou seja, algo que se pode chamar de "casa") do primeiro século –, considerada, desde o século XIX, o lugar onde Jesus foi criado por Maria e José.

O capítulo 3 trata da escavação local realizada por freiras no século XIX, empreitada que consiste num dos exemplos mais remotos de escavação arqueológica iniciada, realizada e conduzida por mulheres. Em seguida, o capítulo 4 reconta a busca de um sacerdote católico pela verdade acerca desse sítio, busca essa que, embora tenha se estendido por sua vida afora, acabou inconclusa.

O capítulo 5 descreve minha investigação do sítio das Irmãs de Nazaré, em que o examinei e esmiucei com base nos métodos e conceitos arqueológicos mais recentes. Assim, aproximamo-nos o máximo possível do que se sabe acerca do que foi encontrado ali.

Por fim, o capítulo 6 reúne todo esse conteúdo com vistas à reflexão do que de fato se conhece sobre a Nazaré do primeiro século enquanto lugar geográfico, como era viver ali e de que maneira o sítio das Irmãs de Nazaré encaixa-se naquele contexto. O livro termina com uma breve discussão sobre as possíveis implicações de tais achados para o entendimento dos evangelhos.

1

Arqueólogo bíblico por acaso?

O fato é que não fui a Nazaré à procura do vilarejo em que Jesus viveu. Tampouco estive na cidade na condição de "arqueólogo bíblico", analisando o que as pesquisas arqueológicas podem nos dizer sobre a Bíblia. Esse tipo de subdisciplina mal existe na Grã-Bretanha do século XXI.

Em vez disso, fui a Nazaré para examinar evidências arqueológicas de sua importância como centro de peregrinação bizantino. Enquanto fazia esse trabalho, a descoberta de novos indícios acerca de assentamentos do primeiro século levou-me a reconsiderar completamente a arqueologia de Nazaré nesse período. Foi desse modo que tudo aconteceu.

Na condição de arqueólogo profissional ligado a uma universidade, eu me especializava em assuntos relacionados ao primeiro milênio depois de Cristo no contexto da Europa e do Oriente Médio. Muito do meu trabalho versava sobre o que se pode chamar de "secular" (não religioso) – especialmente o colapso do Império Romano, os reinos que o substituíram na Europa Ocidental e os que o sucederam na porção leste do Mediterrâneo, a exemplo do Estado bizantino. Uma importante motivação para a minha pesquisa nessa área foi tentar compreender a dinâmica dos estados e das sociedades no decorrer de extensos períodos de tempo.

Essa investigação levou-me a realizar trabalhos arqueológicos no centro de Istambul, que, quando conhecida como Constantinopla, consistiu na capital do Império Bizantino. Em 2004, tendo concluído sete anos de atuação arqueológica em Istambul, eu buscava uma locação rural contrastante onde pudesse continuar meus estudos acerca da arqueologia romana e bizantina no Oriente Médio. Minha intenção era, depois disso, examinar o florescimento de um centro de peregrinação cristã no romano tardio (século IV d.C.) tendo como pano de fundo o panorama romano. Isso evoluiria para debates mais amplos sobre o papel da Cristandade na transição do Império Romano para o mundo medieval.

Há muitas perguntas a responder, e as respostas podem ter implicações que extrapolam aspectos tomados de forma avulsa. Quando um centro de peregrinação estabelecia-se, os habitantes locais tornavam-se mais ricos? O cenário local mostrava-se mais multicultural depois da chegada dos peregrinos? Quantos moradores daquele lugar de fato se convertiam ao cristianismo?

Ou seja, em que medida o surgimento de centros de peregrinação no romano tardio provocou mudanças significativas no modo como as pessoas viviam? Ou será que ele foi apenas mais um capítulo na longa história de transição gradual do mundo romano para o pós-romano?

O que eu pretendia analisar era um sítio que se tornara ponto de peregrinação cristã no romano tardio e como tal se consolidara no início do período bizantino, do quinto ao sétimo séculos. Assim, seria possível recorrer a métodos arqueológicos convencionais para investigar o sítio propriamente dito e também seu entorno, a fim de esquadrinhar suas origens e seus impactos.

Havendo possibilidade, esse trabalho se pautaria em levantamento arqueológico, o que, comparado à escavação de buracos, é mais barato e mais simples de organizar e para o qual é mais fácil obter permissão. Hoje existem métodos de levantamento arqueológico capazes de responder a uma série de questões das quais, em gerações anteriores, somente as escavações dariam conta.

Em termos mais específicos, isso quer dizer que, mediante a análise de indicadores de riqueza e de identidade cultural e religiosa, talvez seja possível determinar características-padrão de propriedades agrícolas e povoados do período romano e traçar as mudanças por que passaram esses elementos ao longo do tempo. Em outros estudos, em localidades distintas, constataram-se tais indicadores, de modo que esse se mostrou um projeto arqueológico confiável. A pergunta era: Onde fazer isso?

Sondagens iniciais apontaram para diversas possibilidades no Egito, na Grécia e na Síria. Cada uma a seu modo, todas elas se mostraram atrativas, mas, quando surgiu a chance de executar meu projeto em Israel, eu soube que essa era a melhor opção. O cristianismo, obviamente, começara ali, e aquela era a localização dos primeiros centros de peregrinação cristã.

No decorrer das conversas com autoridades arqueológicas israelenses, elas me mandaram uma longa lista de locações para as quais era possível obter autorização. Quando vi que uma delas era Nazaré, bati o martelo: meu projeto se realizaria ali. Afinal, qual o melhor lugar, senão a "terra natal" de Jesus, para analisar quais seriam, no longo prazo, as consequências de estabelecer um local como ponto de peregrinação cristã?

Depois de uma boa dose de preenchimento de formulários e outros processos burocráticos usuais, felizmente obtive permissão para começar a trabalhar em Nazaré e nos arredores naquele mesmo ano. Assim, seguiram-se dois anos de reconhecimento e mapeamento de superfície, bem como de prospecção por caminhamento. Esta última consiste em caminhar de modo sistemático sobre áreas aradas, registrando fragmentos de cerâmica (cacos) e outros artefatos expostos por atividades agrícolas, construções e até mesmo erosão natural.

Em outras localidades outrora dominadas pelo Império Romano, o caminhamento provou-se notoriamente efetivo no que se refere à identificação de propriedades agrícolas e povoados em meio a paisagens inteiras. O Vale Nahal Zippori, localizado entre a Nazaré moderna e, seis quilômetros ao norte desta, as ruínas escavadas da romana Séforis, é um lugar perfeito para essa técnica, pois apresenta campos vastos e abertos facilmente acessados por meio de estradas e trilhas modernas (cf. figuras 1.1 e 1.2). Nessa localidade, quase todos os campos são arados ou utilizados no cultivo de oliveiras, e o solo entre essas árvores apresenta-se exposto ou mesmo revolvido, o que permite rápido levantamento por equipes pequenas.

O terreno tem pronunciado declive ao sul da Nazaré moderna e, por isso, o vale ao norte dessa cidade e a área ao pé dela provavelmente compuseram as áreas agricultáveis da Nazaré antiga.

Nesse vale, a prospecção por caminhamento foi uma empreitada escaldante e poeirenta. Além de ser permeada por colinas e rochas, a paisagem é totalmente aberta – e trabalhamos sob o pleno calor de verão do Oriente Médio. As plantações de oliveiras eram o único abrigo contra o sol.

Com isso, logo dispusemos de informações novas e animadoras. O vale revelou-se repleto de sítios do período romano até então desconhecidos. Havia pelo menos 23 deles em uma faixa de terreno de três quilômetros por cinco. Possivelmente, a razão por que passaram despercebidos de arqueólogos que tinham estado antes ali foi o fato de muitos desses sítios estarem encobertos por campos em cuja superfície viam-se apenas concentrações de cacos de cerâmica. Em poucos deles havia indícios de modesta atividade de extração local de calcário – viam-se peças modulares mal-acabadas, parcialmente cortadas (cf. Figura 1.3).

A julgar pelas cerâmicas e por outros objetos antigos encontrados na superfície, tratava-se de propriedades agrícolas e aldeias diminutas do período romano, sem evidência de que indicassem grandes riquezas ou tivessem funções específicas.

É fácil explicar por que havia tantas propriedades agrícolas naquele vale: a região que circunda Nazaré é especialmente fértil, com solo bem-irrigado e propício ao cultivo. Comparada à maioria dos territórios vizinhos, apresenta alta incidência de chuvas – diz-se que a taxa anual de pluviosidade em Nazaré hoje é quase a mesma que se registra em Londres! Por esse motivo, pode-se praticar uma imensa variedade de cultivos ali, incluídos os itens básicos da dieta mediterrânea antiga: trigo, uva e azeitona.

Embora tais propriedades e aldeias pertencessem a comunidades judias, e todas elas apresentassem práticas agrícolas semelhantes, sítios próximos a Séforis abrigavam objetos distintos daqueles localizados perto de Nazaré (cf. Figura 1.4). Obviamente, quando encontramos esses objetos, eles estavam despedaçados; apesar disso, foram identificados com facilidade.

Nos assentamentos do período romano situados perto de Nazaré, os únicos tipos de artefato disponíveis correspondiam a itens reconhecidamente produzidos por judeus. Mas, na porção do vale que ficava mais próxima de Séforis, os sítios abrigavam uma variedade muito maior de artefatos, inclusive importados de comunidades não judias.

Para isso há flagrante justificativa: comunidades estabelecidas perto de Nazaré – e, como veremos adiante, também aquelas que de fato viviam nessa cidade – cumpriam as leis de pureza judaicas observadas à época de forma muito mais rigorosa do que comunidades que viviam próximas a Séforis.

Séforis já tinha sido submetida a minuciosa escavação, revelando-se abrigo de artefatos semelhantes aos encontrados em assentamentos descobertos, em tempo mais recente, naquela porção do vale onde está localizada. De igual modo, as poucas escavações antigas em Nazaré resultaram em um conjunto de objetos similares aos localizados na região do vale onde se situa.

Por conta disso, o levantamento evidencia algo único na arqueologia de todo o Império Romano: não apenas uma fronteira distinta separando comunidades adjacentes – algumas delas tendo sido receptoras da cultura provincial romana, e outras tendo rejeitado tal cultura –, como também uma explanação dos motivos da existência dessa fronteira.

No período bizantino – entre os séculos V e VII – essa fronteira desapareceu. Assim, comunidades de ambos os lados da antiga linha divisória utilizavam a mesma gama de objetos. Entre estes, constava cerâmica importada – a qual, ao que tudo indica, era absolutamente rejeitada por grupos próximos a Nazaré séculos antes, justamente por se tratar de produção não judia. A divisão cultural entre as comunidades que ocupavam cada lado do vale foi suplantada, mas a pergunta que se coloca é: "Por quê?"

É possível que tenha havido uma transformação nos atos religiosos de comunidades judias próximas a Nazaré. Talvez essas comunidades tenham se tornado mais liberais em seu ponto de vista, abandonando restrições até então impostas a bens importados. Há ainda a possibilidade de o surgimento do centro de peregrinação em Nazaré ter ocasionado a conversão de comunidades judaicas locais. Seria de se esperar, portanto, que essas comunidades abandonassem as leis de pureza judaicas e, quem sabe, aderissem mais plenamente à cultura geral do romano tardio.

Em Séforis não parece ter havido transformação semelhante. No período bizantino, a cidade apresentava comunidades cristãs e judias convivendo lado a lado. De fato, indícios escavados mostram tanto uma grande igreja quanto uma sinagoga na região, ambas pavimentadas com mosaicos multicoloridos.

As pedreiras também revelaram padrão interessante (cf. figuras 1.5 e 1.6). Algumas estavam na parte do vale próxima a Séforis, o que não surpreendeu, visto que a edificação de uma grande cidade romana demandaria grande quantidade de pedras para esse fim. Outras, porém, estavam mais perto de Nazaré e, a julgar pela cerâmica nelas encontrada, eram utilizadas no período romano. Nesse caso, por que razão o lugar que os arqueólogos acreditavam ter sido um pequeno vilarejo – uma aldeia – era rodeado por um conjunto de pedreiras?

Teria sido aquele um assentamento para trabalhadores que exerciam seu ofício nessas pedreiras? Voltaremos a esse assunto no capítulo 6.

Poderia ser, então, que o florescimento de Nazaré como centro de peregrinação de fato tivesse apresentado consequências importantes para a população daquele entorno. Contudo, durante as investigações no vale, ficou bastante claro quão pouco se sabia acerca do romano tardio e da própria Nazaré bizantina. Até aquela ocasião, o único trabalho arqueológico substancial na região ocorrera na década de 1960 e no início dos anos de 1970, com métodos que hoje poucos arqueólogos estudiosos do Império Romano adotariam.

A demanda seguinte seria, portanto, uma nova investigação sobre a arqueologia da própria Nazaré nos períodos romano e bizantino. Obviamente, seria algo difícil de realizar, pois o pouco que se conhecia da arqueologia da Nazaré antiga revelava que sua localização era justamente no centro da moderna cidade de mesmo nome.

Hoje, Nazaré é uma cidade efervescente, com cerca de 60 mil habitantes. Pode-se pensar que tenha sido um grande centro turístico, mas, na verdade, a maioria dos turistas que visitaram Nazaré na primeira década do século XXI esteve ali apenas por um dia, em passeio de excursão. Em geral, os turistas tiveram como destino somente a Igreja da Anunciação, a principal igreja do tipo catedral no centro da cidade, e outros poucos locais referidos como pontos de interesse para cristãos.

Ao que parecia, a única forma de descobrir mais sobre a Nazaré do período romano ou do bizantino era mediante escavação. A questão passava a ser: "Onde escavar?" A cidade é altamente desenvolvida, com ruas estreitas onde há casas e lojas cheias de gente. Há pouquíssimos espaços abertos para além daqueles que integram instituições religiosas – as quais não pareciam nada interessadas em que se escavassem seus jardins e pátios.

Foi então que decidi perambular por todas as ruas da cidade, em busca de cantarias, ou mesmo paredes, incorporadas a edificações mais recentes ou a seus pátios. No trabalho que eu realizara anteriormente em Istambul, essa técnica tinha se mostrado bastante útil para identificar, em uma cidade moderna, a localização de construções do período bizantino. Minha expectativa era que isso ocorresse também em Nazaré.

Contudo, bastaram poucos dias em Nazaré para que a resposta ficasse nítida: não se via ali nenhuma cantaria romana ou bizantina. Literalmente nenhuma.

Perplexo, pensei que a única coisa a fazer era visitar todas as locações em que, segundo publicações especializadas, haviam sido encontrados vestígios durante os modestos trabalhos arqueológicos realizados na cidade até então. A maioria desses vestígios era de achados do século XIX, cujos sítios haviam se desenvolvido e alterado para além de qualquer possibilidade de identificação. Mais uma vez, não havia nada dessas descobertas prévias que pudesse ser observado.

Restava somente uma coisa a que me dedicar: visitar os poucos monumentos antigos da cidade expostos a turistas e peregrinos. Fiz uma lista, bem pequena, do que se podia conhecer; tratava-se de pouco mais do que um itinerário turístico nos arredores de Nazaré, mas eu tinha esperança de que resultasse em algumas possibilidades de investigação futura.

À medida que eu trabalhava nos sítios elencados, notei que eles se dividiam em duas categorias: aqueles localizados em igrejas ou no entorno delas, estando indisponíveis para pesquisa, e aqueles datados da Idade Média em diante, demasiado recentes para meu projeto.

Por exemplo, a "Igreja da Sinagoga", considerada o lugar onde se situara a sinagoga nazarena nos tempos de Jesus, é um edifício inteiramente medieval. Na verdade, não há evidência nenhuma de que um dia houve ali uma sinagoga ou qualquer edificação pública do período romano com essa finalidade.

Desanimado, voltei para o hotel que me hospedava, um prédio moderno de vários andares, numa colina chamada Nazaret 'Illit, ou

Nazaré alta, fora da cidade velha. Era possível vê-lo de alguns pontos do centro urbano, contrastando com a arquitetura local característica do século XIX e do início do século XX.

Após dias esquadrinhando a cidade, ainda não havia nenhum sítio a escavar, nem mesmo se a permissão para fazê-lo fosse garantida. Faltava somente um local para concluir minha lista: o Convento das Irmãs de Nazaré.

Sentado no bar de estilo europeu daquele hotel, consultei, em um guia de turismo, informações sobre as Irmãs de Nazaré (cf. Figura 1.7). Para o que eu tinha como objetivo, a entrada do convento estava longe de parecer encorajadora.

Diz-se que era possível avistar uma "tumba judia do primeiro século" (cf. Figura 1.8) no porão do convento de língua francesa. Porém, só se podia vê-la mediante agendamento por telefone.

Eu podia imaginar o que aconteceria se conseguisse agendar uma visita. Uma freira trajando hábito me conduziria, através de corredores silenciosos, até uma velha escada e abriria uma porta instalada debaixo dos degraus. Eu espreitaria o negrume do porão, onde se poderia ver, em meio à escuridão, uma pequena parte de uma tumba esculpida em rocha. Então, eu emitiria alguns ruídos suaves para indicar como aquilo era interessante, agradeceria à minha anfitriã e deixaria o lugar.

Mas, como eu não tinha nada mais a fazer, perguntei à jovem recepcionista do hotel se ela sabia como agendar uma visita ao convento. Ela sabia e, mais do que isso, ficaria satisfeita se pudesse ligar para lá em meu nome imediatamente.

Respondi que as freiras talvez só falassem francês. Ela sorriu e me contou que não apenas era católica como também frequentara uma escola gerida por um convento. Estava acostumada a conversar com freiras.

Poucos minutos depois, já havia um agendamento em meu nome para visitar o Convento das Irmãs de Nazaré no dia seguinte.

Tudo o que eu precisaria fazer seria ir até a portaria daquela instituição para que alguém me mostrasse a tumba.

Na manhã seguinte, peguei um táxi até a região central de Nazaré e descobri que o convento ficava numa rua secundária em frente à Igreja da Anunciação. Essa igreja era um dos poucos lugares onde fora encontrada muita coisa datada do período romano; os outros eram ruínas de templos do período bizantino e da época das Cruzadas. O sítio da Igreja da Anunciação é abordado no próximo capítulo.

Visto de fora, o convento parecia arqueologicamente pouco promissor. Era nítido que a fachada simples datava do fim do século XIX ou do início do século XX, construída com inconfundíveis pedras acinzentadas, quase brancas. O portão de duas folhas estava fechado, e a entrada dava-se por uma porta menor, lateral. Depois que toquei a campainha, alguém falando em francês deixou-me entrar. Até ali, tudo coincidia com minhas expectativas.

Na portaria – que ficava para dentro do portão, tal como nos *campi* das universidades de Oxford e Cambridge, na Inglaterra –, uma freira muito idosa, trajando um hábito, pediu que eu esperasse. A "superiora", ou seja, a freira responsável pelo convento, logo desceria para me encontrar. De novo, aquilo era muito semelhante ao que eu esperava.

Porém, em vez de se apresentar como outra freira francófona coberta por um hábito, a superiora chegou em trajes europeus comuns e falou comigo em inglês coloquial fluente (cf. Figura 1.9). Ela me ofereceu chá, nós nos acomodamos na sala de jantar do convento – decorada em estilo elegante e surpreendentemente moderno –, e contei-lhe do meu projeto de pesquisa. Era notório que a superiora interessava-se muito na arqueologia da região de Nazaré; ela me fez muitas perguntas próprias de alguém bem-informado. Depois de falarmos um tempo sobre meu trabalho, a irmã conduziu-me pelo convento até o "Porão".

Adentrando um dos conjuntos de prédios que circundavam o átrio frontal, percorremos um corredor curto até uma pequena antecâmara onde, em um dos lados, havia uma porta com a inscrição "museu" e, no lado oposto, outra porta, por onde descemos um lance de degraus largos.

Já estava óbvio que aquilo seria um tanto diferente do que eu imaginara. No topo da escada, as paredes eram revestidas de prateleiras onde havia fragmentos de cantaria arquitetônica do bizantino e do período das Cruzadas – capitéis (topos de colunas de pedra, em geral ornamentados) e pedaços de pedra lavrada.

No pé da escada ficava um compartimento intensamente iluminado por luz elétrica, cujas paredes foram, pelo estilo de cantaria apresentado, construídas pelos cruzados. Acima de nós ficava um perfeito exemplo do tipo de abóbada cruzada visto em igrejas e castelos medievais europeus. Um umbral arqueado levava a uma passagem para o lado esquerdo do recinto.

Mas minha guia quis me mostrar primeiro o que ficava à direita. Toda a parede desse lado do compartimento formava um arco de pedras atrás do qual havia uma cisterna profundamente escavada em rocha. Segundo a superiora, ali ficava o poço.

Em seguida, ela me levou adiante através de uma arcada alta, esculpida em pedra, que dava para uma caverna espantosamente ampla, a que depois, enquanto trabalhava nesse sítio, chamei de Grande Caverna (Figura 1.10). Não sendo natural, mas escavada na rocha, essa caverna era iluminada por um buraco circular no teto acima de sua extremidade curva, um tipo de estrutura fartamente encontrado no mundo bizantino, incluindo a Terra Santa.

Enquanto andávamos pela caverna, minha guia indicava alguns detalhes (cf. Figura 1.11). Poucos degraus acima da parte curvada havia túmulos escavados em pedra, vazios.

Quando examinei a caverna de modo mais detido, no ano seguinte, e vi os registros de escavações anteriores, os túmulos revelaram-se remanescentes de uma tumba esculpida em rocha, o que mais tarde denominei Tumba 2, durante pesquisas lá. Trataremos da Tumba 1 adiante neste capítulo.

Por que eu jamais havia lido algo sobre aquilo? Nada do que eu já tinha visto dava pistas da existência de uma caverna-igreja que sobrevivia bem no meio de Nazaré.

Mas eu sabia que uma peregrina do romano tardio, uma mulher chamada Egéria, escrevera sobre uma caverna-igreja na década de 380, dizendo que a Virgem Maria tinha morado ali e que naquele lugar havia um poço.

Um banco alongado, esculpido em pedra, ocupava o lado esquerdo da extremidade esquerda da caverna. Na superfície desse banco havia uma série de pias esculpidas em formato imperfeitamente retangular, com pequenos buracos laterais, dando a entender que tinham sido feitas de modo que líquidos pudessem escoar de uma para outra.

Pude notar que a caverna-igreja era antiga, mas quão antiga seria? Datava do romano tardio, do bizantino ou da época das Cruzadas?

Essa sucessão de pensamentos foi interrompida por minha guia informando que me levaria para conhecer o motivo de eu ter ido até ali: a tumba. Fizemos o trajeto de volta pela caverna, chegando à antecâmara onde estava o poço; dessa vez, atravessamos o arco e a passagem abobadada que ficava depois dele.

Tendo atravessado o corredor, com abóbadas e passagens arqueadas também típicas do período das Cruzadas, viramos à direita, passando por outro umbral que dava acesso a um compartimento estreito e escuro. Segundo a superiora, aquela era a Chambre Obscure, expressão francesa para "sala escura".

De imediato, pude ver que a construção do lugar tivera diversas etapas. Eram dos cruzados as abóbadas e a cantaria que revestia as paredes; parte destas, contudo, era evidentemente mais remota e esculpida na rocha original. Na parede oposta à entrada havia um nicho raso de cume arredondado, parecendo-se com um oratório bizantino, utilizado por monges como ponto focal durante orações individuais.

Dispondo de pouco tempo para apreender tudo isso, viramos novamente à esquerda, passando por mais um umbral, agora esculpido na rocha. Dali se chegava a um espaço amplo, onde, logo na entrada, ficava algo parecido com uma edificação ruinosa, com rochas esculpidas em rocha encimadas por paredes de pedra, o que me pareceu datar de outro período.

Destoando da Grande Caverna, não havia razão para supor que essa edificação fosse originalmente subterrânea. Ao que parecia, ela tinha sido escavada na encosta e fora construída de modo a ficar acima do chão. Como ocorre na maioria dos sítios arqueológicos, construções sucessivas naquele sítio e o depósito gradual de solo ao longo dos séculos explicariam facilmente como o lugar acabara enterrado. Sobretudo num centro urbano, como é o caso, o que um dia foi chão raso hoje pode estar muitos metros abaixo da superfície.

Em pé diante da maior parede esculpida em rocha daquela edificação – o que vim a chamar de "Parede 1" enquanto trabalhava no sítio um ano mais tarde –, minha guia me contou que as freiras de fato achavam que o lugar tinha sido uma residência. Mas houve quem dissesse que ele fora mais do que uma simples casa de aldeia.

A superiora explicou que um estudioso da Bíblia atuante no século XIX propusera que a desaparecida construção bizantina conhecida como Igreja da Nutrição – "nutrição" no sentido de sustento ou educação – localizava-se no sítio do convento. A Igreja da Nutrição foi descrita num famoso relato de peregrinação por Nazaré chamado *De locis sanctis* ("Sobre os lugares santos"), no qual se diz que esse templo foi construído sobre a casa onde Jesus fora criado. Minha guia disse que estávamos diante do que se acreditava ser aquela mesmíssima casa.

Embora eu soubesse que tais afirmações acerca de figuras bíblicas só surgiram no século IV d.C., muitas delas de credibilidade duvidosa, uma coisa sobre a "casa" me impactou de imediato. Eu já havia me deparado com aquele tipo de paredes esculpidas em rocha, e, sim, elas podiam ter sido moradia de pessoas. Algumas das pedreiras situadas no vale ao norte de Nazaré tinham sido reutilizadas como edificações no período romano, com paredes de pedra seca recobertas por fragmentos de cerâmica romana.

Cogitei que as paredes esculpidas em pedra existentes no Porão pudessem ter sido algo dessa natureza. Ademais, era possível visualizar a parede mais comprida e a porção mais antiga esculpida na Chambre Obscure como partes de uma estrutura dividida em dois compartimentos, a que posteriormente denominei "Estrutura 1" (cf. Figura 1.12).

Para tornar a Estrutura 1 uma edificação, teriam sido necessárias outras paredes que ocupassem os vãos entre aquelas esculpidas na rocha. Olhando para a Parede 1, atrás de mim havia algo passível de servir de evidência para tal. Outra parede, feita de pedra, opunha-se à Parede 1.

A construção dessa parede oposta, a que chamei de "Parede 2" ao trabalhar naquele sítio tempos depois, apresentava características sugestivas de datação do período das Cruzadas. No piso da "casa" havia algo parecido com revestimento medieval, e existiam escadas típicas dos cruzados na parte do Porão correspondente àquele piso. Nos anos seguintes, durante o trabalho no local, foi possível evidenciar que o revestimento também datava das Cruzadas.

Contudo, notei que a Parede 2 poderia ter substituído ou incorporado uma antiga parede de pedra e, portanto, talvez fosse outra parte da Estrutura 1. Confirmou-se, como veremos no capítulo 5, a grande possibilidade de essa suposição ter sido certeira.

Mesmo assim, parecia possível que a Estrutura 1 fosse realmente uma casa, no sentido de local de moradia. Se isso se comprovasse, seria uma casa romana bem no meio de Nazaré – um local onde jamais haviam sido encontradas residências construídas no período romano. Recostei-me na Parede 2 e olhei através do que restava do contorno de uma janela.

Refleti sobre o provável significado de tudo aquilo. Por que eu nunca tinha ouvido falar daquele sítio? Obviamente, antes de embarcar naquele projeto, eu havia lido tudo o que conseguira encontrar sobre a arqueologia de Nazaré, bem como sobre a Galileia dos períodos romano e bizantino, região onde a cidade está localizada. Esse é um procedimento básico de diligência arqueológica prévia.

Mas algumas coisas haviam sido publicadas em locais desconhecidos – sempre pode acontecer de, independentemente de quanto se empenhe ou quais bibliotecas consulte, você deixe passar um sítio ou dois. Achei que era o caso ali. Afinal de contas, sendo um arqueólogo secular em vez de um estudioso da Bíblia, eu poderia ter deixado escapar algo que tenha constado em um dos muitos periódicos destinados a pesquisadores da religião. Era provável, pensei, que tivesse sido mencionado em uma dessas publicações, talvez no século XIX, quando arqueólogos europeus escavaram toda a Terra Santa.

Seguindo adiante, atravessamos o vão de uma parede edificada no padrão característico de poços de água muito mais espessa do que uma parede residencial comum. Denominada M4 (M de *mur*, palavra francesa para "parede") pelas freiras, ela atravessava a extremidade sul do Porão. Por seu estilo, também parecia datar da era medieval. Para além dela, havia uma passarela de madeira por onde se descia até a tumba que inicialmente me motivara a visitar o sítio e que, mais tarde, chamei de Tumba 1.

Essa tumba consistia num exemplo bem preservado do típico modelo de sepulturas judaicas esculpidas em rocha no Romano Antigo. De acordo com a superiora, algumas pessoas achavam que eram do primeiro século antes de Cristo, e outras, do primeiro século depois de Cristo. Todas concordavam que era mais antiga do que a "casa", a qual, por sua vez, é mais antiga do que a Estrutura 1.

Como arqueólogo, para mim era óbvia a impossibilidade de a Estrutura 1 ser mais recente do que a tumba. Estava claro que a construção da tumba fora feita através de um recorte da Estrutura 1, de modo que a tumba era a mais recente das duas. Porém, pelo menos à primeira vista, parecia correto datar a tumba do primeiro século depois de Cristo.

Assim, a Estrutura 1 seria mais antiga do que uma tumba do primeiro século. Se de fato correspondesse ao período romano, era certo que também poderia datar do primeiro século. Aquela teria sido realmente uma residência nazarena da época de Jesus?

No topo da escada, a superiora destrancou a porta do museu, onde adentramos. Era notório que, tempos antes, o ambiente havia sido organizado como um museu de fato (cf. Figura 1.13). E, embora fosse evidente que o local já tivera dias melhores, ele estava repleto de material arqueológico. Havia moedas, vasos de vidro em cristaleiras, lamparinas e vasilhas de cerâmica; além disso, viam-se no chão peças grandes em mármore branco e rocha calcária esculpida. Entre o fuste e o capitel das colunas, uma divisória em mármore bizantino típica de igrejas chamou-me a atenção imediatamente.

Embora algumas legendas não correspondessem mais aos objetos expostos, fiquei aturdido. Ainda que apenas uma fração deles se originasse daquele sítio, seriam um recurso extremamente útil para meu projeto de pesquisa.

Em um dos cantos da sala ficavam apenas uma mesa e uma cadeira, ambas simples, de madeira. Minha guia postou-se atrás delas enquanto eu concluía a vistoria.

– Eu não fazia a menor ideia de que havia tudo isso aqui. A senhora sabe em quais publicações este local foi mencionado? – perguntei.

Ela pegou na mesa a cópia de um pequeno folheto.

– Esta é a publicação mais recente.

Tratava-se de um artigo bastante breve de uma revista de 1980 sobre estudos bíblicos, escrito por um padre europeu e ilustrado com o esboço de uma planta. Quando expressei assombro, a superiora garantiu-me que, embora houvessem escavado o local por mais de um século, aqueles que o fizeram jamais publicaram nada a respeito dele em periódicos acadêmicos, muito menos em livros.

Aquele seria o sítio nazareno perfeito para responder às dúvidas que eu ainda tinha quanto ao meu projeto de pesquisa. Não seria necessário nem mesmo escavar.

Questionei a possibilidade de incluí-lo em meu projeto, esperando pronta rejeição. Mas, para minha surpresa, a guia disse-me que era possível, mas precisaria da permissão da Ordem, órgão administrativo de todos os conventos das Irmãs de Nazaré, localizado em Paris. Ela me orientou a enviar-lhe uma carta explicitando em minúcias o que eu tinha em mente, o que a instituição podia esperar de mim e o que eu esperava da instituição; a permissão da Ordem dependeria disso. Após discutirmos brevemente algumas questões práticas, deixei o convento.

Tempos depois, naquele mesmo ano, após trocarmos e-mails sobre o projeto e meus planos de trabalho no sítio, o convento e a Ordem das Irmãs de Nazaré em Paris autorizaram que eu trabalhasse ali. Com permissão da Autoridade de Antiguidades de Israel (IAA, na sigla em inglês), que regula a pesquisa arqueológica no país, minha equipe começou a trabalhar no convento em dezembro de 2006.

Então foi assim, quase por acaso, que me tornei uma espécie de arqueólogo bíblico fortuito para investigar a Nazaré do primeiro século, bem como suas sucessoras romana e bizantina.

Contudo, antes de nos atermos ao que foi encontrado no sítio das Irmãs de Nazaré, importa colocá-lo no contexto mais amplo da paisagem e da arqueologia nazarenas. Requisito para que se compreendam mais integralmente as evidências identificadas no local, esse é o tema do próximo capítulo.

2
Peregrinos, monges e escavações

Não há dúvida de que Nazaré seja um dos lugares mais famosos do mundo no século XXI. Tanto cristãos quanto não cristãos sabem de sua existência, mesmo que apenas pela expressão "Jesus de Nazaré", nome alternativo para Jesus Cristo. Entretanto, sua arqueologia foi pouco estudada. Na verdade, se houver, é possível que poucos locais famosos tenham sido tão negligenciados por tanto tempo pelos arqueólogos.

Este capítulo leva em conta o que se sabe acerca da Nazaré do primeiro século depois de Cristo, com base em fontes escritas e na arqueologia, com exceção do que diz respeito ao sítio das Irmãs de Nazaré, assunto dos próximos três capítulos. Outro bom ponto de partida para a discussão sobre um sítio arqueológico são as características de seu ambiente natural, tanto no passado quanto no presente. Isso também será abordado neste capítulo.

2.1 Fontes escritas acerca da Nazaré antiga

Nazaré é hoje tão famosa que talvez pareça óbvio que se tenha escrito muita coisa sobre ela no passado. Mas essa é uma premissa equivocada. Cristãos à parte, por que alguém, durante o período romano, cogitaria escrever sobre um povoado galileu desconhecido?

A vasta maioria dos milhares de povoados que compuseram o Império Romano não motivou a escrita de ninguém. Estudiosos contemporâneos nem sequer conhecem o nome de grande parte desses assentamentos ou de seus habitantes.

A primeira menção a Nazaré como local geográfico foi feita pelos escritores dos evangelhos cristãos. Evidente, pois, até onde sabemos, essas foram as primeiras pessoas que tinham motivo para tal!

Podemos contextualizar as referências à Nazaré dos evangelhos considerando-as à luz de menções feitas a essa cidade nos milênios seguintes, o que revela um padrão bastante elucidativo.

Depois dos evangelhos canônicos (aqueles que, por convenção, constam na Bíblia), a próxima menção a Nazaré dá-se no Evangelho apócrifo de Tomé e no Protoevangelho de Tiago, datados respectivamente do segundo e do terceiro séculos. Além disso, Eusébio, autor e historiador cristão que viveu no século quarto, afirma que parte da informação que obteve sobre Nazaré viera de um escritor do segundo século chamado Hegésipo.

De acordo com Eusébio – que, como concordam os historiadores, não fundamentou seu relato em fonte fantasiosa –, Hegésipo referira-se ao fato de parentes de Jesus terem residido nas aldeias galileias de Nazaré e Kokhba em séculos posteriores.

Se Hegésipo estava errado, disso não podemos ter certeza, por óbvio. Porém, Júlio Africano, escritor do segundo e do terceiro séculos, também fez alusão de mesmo teor a parentes de Jesus que teriam morado em Nazaré e Kokhba. Muito provavelmente, esta última é a mesma citada por Hegésipo, e ambas remetem à aldeia de Kaukab, ao norte de Nazaré.

Evidências datadas do período romano referentes a Kaukab apontam para a existência de um assentamento naquele local. Independentemente de parentes de Jesus, ou pessoas que tenham feito tal alegação, haverem morado ali no período romano, ao menos há a probabilidade de o povoado ter de fato existido à época.

É difícil saber o que fazer com essas referências a parentes de Jesus no segundo século. O que se sabe mesmo é que eles certamente não acreditavam ser descendentes de Jesus, mas sim de outros filhos de Maria. Se Maria teve outros filhos, seria de se esperar que seus descendentes tivessem vivido na Galileia no segundo século, ou seja, não se trata de nada tão surpreendente.

A mesma narrativa é citada em um texto ligeiramente mais novo chamado *Martírio de Conão*. Esse *Martírio* afirma que, durante a perseguição aos cristãos instituída pelo imperador romano Décio nos anos 250 e 251, um velho jardineiro que trabalhava em uma propriedade imperial fora martirizado nas imediações de Megido, na Panfília. Diz-se que esse jardineiro, Conão, alegava ser originário de "Nazaré da Galileia [...] da família de Cristo, a quem louvo por influência de meus antepassados".

Toda essa história pode ser ficção, claro, mas houve uma propriedade imperial em Megido, na Panfília; portanto, é possível que o escritor do *Martírio* realmente tivesse conhecimento de algo factual. O nome de Conão tornará a vir à tona adiante neste capítulo.

Por conseguinte, existem várias menções cristãs a Nazaré posteriores aos evangelhos, mas ocorridas ainda durante o período romano. A importância delas para a história do cristianismo primitivo pode ser questionável, mas elas são consistentes em se referir a Nazaré como um assentamento, isto é, uma área onde pessoas moravam.

Tanto o texto religioso judaico *Midrash Kohelet* quanto uma inscrição (Pedra de Pilatos) encontrada em uma importante cidade romana localizada onde hoje fica a costa norte de Israel, referem-se a uma família sacerdotal judia residente na Nazaré romana. No fim do século primeiro, famílias desse tipo seguiram para a Galileia na condição de refugiadas, o que, de novo, torna essa hipótese consideravelmente crível. Entretanto, nenhuma outra fonte escrita traz contribuições adicionais sobre esse assunto.

James Strange, renomado "arqueólogo bíblico" estadunidense do fim do século XX e início do século XXI, acreditava que as *Lamentações* do escritor judeu Eleazar Ha-Kalir também aludiam à Nazaré do primeiro ou do segundo século. Dito isso, a data da versão que perdurou situa-se entre o sexto e o nono séculos, sendo, portanto, de relevância questionável.

Tudo isso sugere que apenas quem teve particular interesse em Nazaré – como domicílio de Jesus ou, mais tarde, como local de residência de uma família sacerdotal oriunda de Jerusalém – considerou-a digna de nota, o que não surpreende nem um pouco, visto ocorrer também com a maioria das outras aldeias galileias do período romano ou mesmo para outras províncias romanas em geral.

Conforme mencionado, embora Nazaré seja famosa atualmente, não há nenhuma razão para supor que, exceto entre cristãos, tenha sido assim antes de o cristianismo ser alvo do apoio, e não mais da opressão, das autoridades romanas – ou seja, até o início do quarto século.

O que de fato causa admiração é que, no quarto século, até mesmo os cristãos, de quem se esperava menções a Nazaré, quase nunca citam a cidade. Quando o fazem, costumam se referir a ela de modo desdenhoso. Por exemplo, o célebre bispo cristão e autor prolífico João, que viveu justamente naquele século, refere-se à Nazaré de sua época apenas uma vez, ocasião em que a deprecia com a alcunha de “aldeia miserável”. Outro escritor cristão eminente – ninguém menos do que Jerônimo, tradutor da Bíblia para o latim – relata que Nazaré não passava de uma aldeola.

Se esses dois homens, considerados santos pela Igreja Ortodoxa ocidental e pela Igreja Católica, puderam menosprezar Nazaré enquanto assentamento, então talvez não nos cause espanto a notável falta de interesse nesse vilarejo por parte daqueles que escreveram os textos de que dispomos hoje.

Até mesmo os peregrinos cristãos que visitaram a Galileia no romano tardio e no bizantino e mencionaram cada pequena parada que fizeram ao longo do caminho, geralmente desconsideram Nazaré. Por exemplo, o Peregrino de Bordeaux, autor do relato de peregrinação na Terra Santa mais antigo a que se tem acesso, omite qualquer menção a esse povoado.

Qualquer pessoa que se baseie em tais escritos terá a impressão de que Nazaré tinha pouca ou nenhuma relevância para os cristãos dos períodos romano e bizantino. Esses peregrinos consideraram santas localidades muito específicas e deixaram relatos sobre elas; porém, a maioria deles simplesmente ignorou Nazaré.

Contudo, não resta dúvida de que, a despeito disso tudo, o povoado estava ali. E dois relatos datados do quarto século o descrevem.

O primeiro deles é o *Panarion*, escrito pelo Bispo Epifânio nos anos 370. Segundo esse registro, ao se tornar cristão, o oficial judeu a serviço da administração imperial romana chamado José de Tiberíades (cidade situada na margem ocidental do Mar da Galileia) passou a controlar igrejas estabelecidas em Nazaré e em Séforis. Epifânio conta que esses dois lugares consistiam em comunidades totalmente judias; entretanto, a arqueologia permite-nos saber que isso estava longe de corresponder à realidade de Séforis, onde havia um templo pagão.

Embora Epifânio estivesse absolutamente enganado quanto à plena adesão de Séforis ao judaísmo no romano tardio, é possível que José de Tiberíades de fato tenha erguido igrejas ali, assim como em Nazaré. Oficiais desse período fizeram o mesmo em outras localidades, e, se a figura de José de fato teve relação com a Galileia, parece lógico supor que ele escolheria a região para testemunhar sua fé por meio de uma construção arquitetônica.

A outra descrição, por sua vez, serve muito mais ao entendimento da Nazaré do romano tardio. Ela foi escrita por uma mulher chamada Egéria, peregrina do Império Romano do Ocidente – possivelmente da Espanha – que esteve na Terra Santa por volta do ano de 383. Egéria foi a primeira pessoa a caracterizar Nazaré de maneira mais minuciosa.

Conforme mencionamos no capítulo 1, Egéria atesta a existência de uma Grande Caverna em Nazaré. O local teria servido de igreja por haver sido morada da Virgem Maria no primeiro século. A autora ainda oferece mais um detalhe sobre tal caverna: "No interior dela, está o local onde a Virgem obtinha água". Isso pode parecer uma observação trivial, mas é importante para que se localize a caverna, pois em Nazaré há pouquíssimas fontes de água natural.

Segundo Egéria, havia também o que ela descreve como sinagoga transformada em igreja, com "um jardim no qual o Senhor viveu depois de retornar do Egito". Em termos moderados, pode-se dizer que esse é um apontamento um tanto enigmático. Apenas no período das Cruzadas ouve-se falar novamente na existência, em Nazaré, de uma sinagoga tornada em igreja. E Egéria foi a única a citar tal jardim em seus escritos. Ela também afirma que, nas imediações do povoado, havia um poço ao qual se associava a figura da Virgem Maria.

O que se sabe com certeza é que, por volta dos anos 380, Nazaré tornou-se um centro de peregrinação cristã dotado de diversos atrativos para os que por ali passavam, como o próprio jardim, alguns poços e duas igrejas. Isso também confirma que, ao menos naquela época, certos lugares do povoado eram associados à infância de Jesus.

Contudo, depois da menção de Egéria a Nazaré, passaram-se 70 anos sem que houvesse outra alusão à cidade. Mesmo assim, quando Nazaré foi citada como lugar de jurisdição de um bispo, em 460, tudo o que se disse foi que esse sacerdote estava sob a autoridade de outro bispo, mais experiente, instalado em Citópolis, importante cidade romana que floresceu como comunidade cristã nos séculos 5 e 6. Com ruínas que impressionam, a localidade, que fica cerca de 30 quilômetros a sudeste de Nazaré, é hoje conhecida como Bete-Seã, badalado destino turístico deste século XXI.

A julgar pelo fato de contar com bispo próprio no ano de 460, Nazaré abrigava pelo menos uma grande igreja à época, afinal todo bispo bizantino dispunha de uma catedral. E, provavelmente, essa igreja era cercada por um conjunto de edifícios residenciais e administrativos onde se acomodavam o bispo e sua equipe. Repito: essa era uma prática comum no Império Bizantino.

Todavia, o bispo de Nazaré e a igreja por ele liderada *nunca* mais foram citados em fontes escritas bizantinas. Se um importante agente cristão e uma igreja grandiosa deixam de constar de textos escritos no mundo bizantino cristão durante o intervalo de um século e meio no qual Nazaré esteve sob administração bizantina, isso talvez indique quão extremamente limitadas são as fontes escritas no que diz respeito à provisão de informações acerca desse assentamento.

Essa questão é reforçada pela completa ausência de qualquer indício escrito acerca de Nazaré nos 110 anos seguintes. Somente em 570 é que de fato se tem outro relato de peregrinação em que a cidade é citada. Ou seja, existe um século de total silêncio sobre Nazaré nos textos de que dispomos, embora saibamos que ela foi um local importante para a Igreja Bizantina; além disso, não era comum construir catedrais em pequenas aldeias.

Outro peregrino anônimo, conhecido entre historiadores como Peregrino de Piacenza, descreve a Nazaré de cerca de 570 como lugar de peregrinação cristã dotado de uma "sinagoga" – não está claro se coincide com o local mencionado por Egéria – e de uma "casa de Santa Maria [...]. hoje uma basílica". O termo "basílica" era comumente utilizado no sexto século para designar igrejas com nave retangular e uma abside em uma das extremidades.

Não é possível que essa construção corresponda à caverna-igreja de Egéria, assim como é praticamente impossível tornar uma caverna-igreja num salão congregacional chamado de "basílica" por um peregrino do sexto século. Tampouco é provável que se trate da sinagoga referida por Egéria e tornada em igreja, pois é descrita como casa (não sinagoga) submetida a tal transformação.

De igual modo, embora o Peregrino de Piacenza afirme ter havido uma comunidade judaica na Nazaré do sexto século, ele dificilmente optaria por citar uma sinagoga judia em específico tendo encontrado outras delas durante sua estada na Terra Santa.

Portanto, ou o Peregrino de Piacenza estava descrevendo um conjunto de edificações diferente daquelas dos anos 380 – o que talvez não surpreendesse depois de quase 200 anos –, ou a sinagoga já tinha se tornado em igreja à época de Egéria. Depois do relato desse peregrino, novamente se passam décadas sem que haja novos comentários sobre Nazaré.

De fato, a menção seguinte à Nazaré bizantina tem relação com a invasão persa à Terra Santa, no início do século VII. Tal referência não inclui nada relativo ao assentamento como lugar propriamente dito, apenas comentários sobre como seus habitantes judeus cooperavam com os persas. Mas até mesmo isso é discutível.

E há outro hiato de mais de meio século em nossas fontes escritas a respeito de Nazaré. Na verdade, esse intervalo estende-se para além do fim do período em que a Galileia esteve sob governo bizantino. No fim do século VII, talvez por volta de 670, Adomnano, abade do importante monastério de Iona, uma das ilhas da costa oeste escocesa, escreveu um relato de peregrinação chamado *De locis sanctis* ("Sobre os lugares santos").

As fontes do relato de Adomnano são alvo de controvérsia entre os acadêmicos. Embora o escritor afirme se tratar de algo efetivamente ditado a ele por um peregrino franco chamado Arculfo, é bem possível que essa alegação não passe de um recurso literário – um estilo de escrita. Muito provavelmente, todo o texto é de autoria do próprio Adomnano.

Isso configura um novo problema para o historiador. É certo que Adomnano se valeu de descrições prévias da Terra Santa como modelo para partes de seu texto, mas, de forma nenhuma, para todo ele. Há quem acredite que o autor dispunha do que parecia ser testemunhos oculares atualizados. Em suma, ou ele mesmo esteve naquela região à época, o que é bem plausível, ou recebeu informações de alguém que a havia visitado.

Uma das passagens de seu texto, usualmente considerada testemunho ocular, corresponde a uma descrição de Nazaré. Adomnano diz que ali havia duas grandes igrejas, uma delas construída sobre o sítio da Anunciação e outra no sítio da casa onde Jesus fora criado por José e Maria. O escritor fornece um descritivo da segunda igreja, que, segundo ele, ficava no centro da Nazaré do século VII.

Embora Nazaré estivesse sob controle muçulmano, e não sob domínio do Império Cristão Bizantino, existem outras duas descrições por escrito de Nazaré datadas dos anos 720. Nessa década, o governador muçulmano Yazid II ordenou a destruição de todas as imagens que compunham o acervo das igrejas nazarenas. Um outro relato de peregrinação expõe que havia na região pelo menos uma igreja em funcionamento, e os cristãos eram obrigados a efetuar pagamentos regulares a fim de que ela não fosse extirpada.

A despeito da situação política cada vez pior, é evidente que Nazaré continuou chamando a atenção dos cristãos até o século nono. O geógrafo árabe Al-Masudi descreve práticas religiosas cristãs realizadas numa tumba em igreja nazarena. Ao que parece, os cristãos veneravam a tumba por acreditar que se tratava do túmulo de um santo.

Al-Masudi também foi o primeiro a sugerir que a Nazaré dos tempos de Jesus não ficava na Galileia. Em vez da aldeia identificada como tal desde o período romano, Al-Masudi afirma que as pessoas – provavelmente não cristãs – diziam que a cidade de Jesus era outra Nazaré, próxima de Al-Lajjun. Entretanto, os evangelhos deixam claro que a Nazaré a que se referem é um local na Galileia, de onde Al-Lajjun, a sudeste do Mar Morto, fica bem longe.

A referência seguinte a Nazaré numa fonte escrita data de nada menos do que o ano de 1010. À época, a Igreja da Anunciação estava destruída por ordem do califa. O significado de "destruída" nesse contexto é passível de debate, mas não se diz mais nada acerca de Nazaré até 1099, quando foi conquistada pelos cruzados e, logo depois disso, teve suas igrejas restauradas. A conquista de Nazaré pelos cruzados oferece um cenário propício para que coloquemos fim à revisão das referências textuais.

Notória na revisão das menções a Nazaré em fontes escritas é a escassez com que se apresentam. Há saltos de décadas – três deles de 70, 110 e 89 anos – em que não há nem uma citação sequer à cidade.

Esses saltos correspondem a períodos em que Nazaré já era conhecida como centro de peregrinação cristã. E eles dizem respeito a um lugar que, à época – da década de 390 à de 1090 –, era um dos mais conhecidos no mundo, do ponto de vista de quem vivia na Europa ou no Oriente Médio. Isso é bem relevante no que diz respeito à falta de referência à Nazaré nas fontes escritas mais remotas.

Quando se trata de registros escritos há mais comprovações acerca da Nazaré do primeiro século do que do centro de peregrinação cristã de séculos mais tarde. Ou seja, seria ridículo alegar que a ausência de outras provas escritas relativas à Nazaré do primeiro século aponta para a inexistência de um assentamento então assim chamado.

E tem mais: há impressionante consistência quanto à localização de Nazaré segundo todos os autores de tais referências, com exceção de Al-Masudi. Para os autores dos evangelhos, para os cristãos primitivos do segundo ao quarto século, para os peregrinos do romano tardio e para aqueles que descreveram o deslocamento de famílias sacerdotais judias, Nazaré ficava na Galileia.

Ademais, nenhuma dessas fontes escritas dão motivos para duvidar de que a Nazaré do primeiro século ficava em algum lugar sob a moderna cidade de mesmo nome. Originárias do período romano, as primeiras associações de Nazaré ao interior da Galileia corroboram essa informação. E, como veremos, a história das igrejas situadas na localidade hoje conhecida como centro de Nazaré também o faz. Nenhum outro lugar apresentou-se de modo crível como potencial substituto.

Por conseguinte, embora indícios escritos datados de séculos mais recentes não possam ser cegamente associados à breve descrição da Nazaré do primeiro século apresentada pelos evangelhos, eles tampouco oferecem evidências que nos permitam duvidar de que houve um assentamento chamado Nazaré localizado no mesmo espaço hoje ocupado pela cidade moderna. Na verdade, a existência de grandes saltos temporais entre os registros escritos acerca de Nazaré bem pode ser a prova mais elucidativa, quanto à história local, produzida por esses textos pós-bíblicos. Tais saltos mostram que não se pode considerar a falta de referências por escrito a Nazaré como fator relevante para estimar o tamanho da cidade ou a natureza do que se fazia nela.

Portanto, o levantamento de novas evidências acerca da Nazaré do primeiro século depende do estudo de provas materiais, ou seja, de pesquisas arqueológicas. A maior parte dessas evidências advém de edifícios, túmulos e objetos portáteis, como cerâmica, mas, ainda que se trate de algo que já foi brevemente mencionado no capítulo 1, vale a pena retomar a discussão sobre o ambiente natural nazareno e suas implicações para a ocupação e a economia da região naquele primeiro século.

2.2 O ambiente em Nazaré

Uma das características mais notórias de Nazaré é o fato de situar-se sobre colinas de calcário. Em sua maior parte, essas colinas são cobertas por solos castanhos, mas também se veem solos esbranquiçados nos locais em que a porção rochosa é aparente. Em algumas colinas, percebe-se ainda um tipo avermelhado de solo.

A taxa de pluviosidade mostrou-se suficiente para o desenvolvimento de abundante atividade agrícola. Variando entre 50 e 80 milímetros anuais, o índice registrado em Nazaré assemelha-se ao de algumas regiões britânicas.

Tais circunstâncias são perfeitas para o cultivo de itens que até pouco tempo eram considerados básicos na dieta da maioria dos habitantes da região que margeia o Mar Mediterrâneo: trigo, cevada, uvas e azeitonas. A grama que cobre as colinas também serve de alimento para o gado ovino, bovino e caprino, suprindo os pecuaristas locais de carne, leite, queijo e iogurte.

A julgar pelo que se produziu ali nos séculos mais recentes, também era possível cultivar uma grande variedade de frutas e vegetais. Fontes escritas sobre a Galileia sugerem que, entre outros itens desses tipos, havia maçãs, peras, romãs, figos, cebolas e leguminosas (ervilhas e feijões).

Tudo isso pode ter servido de base para uma dieta bastante saudável, é claro. E, dado que os fazendeiros podiam manter para si ao menos uma parte do que produziam, ao que parece não existem motivos para supor que deficiência alimentar e desnutrição fossem comuns.

Em geral, a riqueza agrícola da Galileia de fato foi algo que seus visitantes comentaram muito no curso dos últimos dois mil anos. Por exemplo, o seiscentista Peregrino de Piacenza descreveu a região nazarena como "um paraíso [...] com seu trigo e suas frutas [...] suplantando até mesmo o Egito no que se refere a vinho, azeite e maçãs". Tanto viajantes da era medieval como dos tempos modernos fizeram comentários parecidos com esse.

As colinas também eram bem florestadas. Essa cobertura florestal tem sido amplamente removida – embora restem alguns trechos dela a oeste e ao norte de Nazaré, até o século XIX havia muito mais.

As árvores eram, provavelmente, carvalhos, carrasqueiros e pinheiros-de-alepo – todos eles úteis em construções –, além de terebinto. Assim, pode-se supor que delas se obtinha madeiramento usado em edificações ou mesmo estruturas totalmente produzidas em madeira. Decerto, não havia carência de vigas compridas e robustas que garantissem bons telhados e colunas de sustentação de tetos consideravelmente extensos.

Nessa paisagem, pequenas nascentes e rios sazonais (uádis) proveem água para a população e para animais de criação. No verão, os uádis ficam de todo secos, formando vales que podem ser utilizados como trilhas temporárias, pois seus leitos são praticamente livres de obstáculos. Quem conhecesse a rota de um uádi poderia usá-lo como caminho natural.

Até o século XIX havia um uádi desse tipo percorrendo o que hoje é o centro da Nazaré moderna. Seu curso subia a atual rua situada logo à frente da Igreja da Anunciação. Passava sob o local que hoje abriga um *hostel* católico franciscano para peregrinos chamado Casa Nova, construído em 1837. Na reconstrução de tal *hostel*, em 1863, descobriu-se evidência material desse uádi, o que também ocorreu quando a Igreja da Anunciação foi reconstruída, nos anos de 1960.

É bem possível que, antes das cheias, o uádi de Nazaré fosse considerado um dos elementos mais distintos de toda a paisagem local. Ao redor dele havia algumas colinas e rochas baixas. Ao norte e a oeste, as colinas eram mais altas, e, a leste, mais planas. Nesse trecho mais aplainado ficava uma nascente mais volumosa, hoje chamada Poço de Maria, ou de Santa Maria (cf. Figura 2.1), localizada a aproximadamente 17 metros ao norte da atual igreja ortodoxa de São Gabriel. A água vertida ali jorra de uma rocha de formato elíptico esculpida em pedra. Nos anos 380, Egéria mencionou que essa fonte fora usada pela Virgem Maria, crença ainda amplamente sustentada, daí a razão do nome do local.

Séculos mais tarde, a água dessa nascente foi canalizada para um poço sofisticado, ao sul da região. Esse poço foi reconstruído em estilo mais moderno (e pouco funcional) e agora serve de atração turística.

No século XIX, o Poço de Maria era o principal reservatório de água de Nazaré, e costuma-se afirmar que assim se caracterizava também no século primeiro. Todavia, existiam outras pequenas nascentes a oeste e ao norte, e é mais provável que elas tenham provido água para uma vila do primeiro século do que para uma cidade do século XIX.

Na Galileia do período romano, muitos assentamentos abasteciam-se de águas nascidas fora de suas fronteiras; a distância chegava a alcançar 1,5 quilômetro. Em outros povoados, os habitantes coletavam água de chuva durante o inverno e a armazenavam em cisternas esculpidas em rocha.

Diversos assentamentos galileus valiam-se desse sistema à época, tais como Yodfat, Shikhin e Khirbet Qana. Essa maneira de armazenar água é comprovada até mesmo em observações datadas do século XIX. Era assim que Mashhad e Daburiya, duas aldeias próximas a Nazaré, eram supridas de água potável, por exemplo.

Outra compreensão que se mostrou equivocada foi a de que as colinas abrangidas pela Nazaré moderna tivessem outrora impedido o povoamento da região. Isso é refutado por evidências arqueológicas de outros sítios galileus. No primeiro século existiam vilarejos construídos em encostas de colinas, como é o caso de Khirbet Qana, onde casas ocupavam socalcos e mesmo o topo de morros.

Nas encostas de elevações próximas a Nazaré também se faziam terraços agrícolas, os quais são usados ainda hoje. A escavação conhecida como Vila de Nazaré, ou Nazareth Village Farm (NVF), nos subterrâneos de um hospital situado no centro de Nazaré, revelou que, no primeiro século, utilizavam-se dois tipos desses terraços.

Os terraços secos eram áreas relativamente planas, com solo bem drenado e aerado, onde, ao que tudo indica, os agricultores cultivavam legumes e árvores frutíferas. Os terraços úmidos, por sua vez, irrigados por dutos finos e cisternas, eram utilizados para plantações que demandavam maior quantidade de água. Segundo afirmação de arqueólogos que escavaram a Vila de Nazaré, é provável que nesse segundo tipo de terreno tenham sido cultivadas azeitonas, uvas, figos, amêndoas, trigo e cevada.

Isso remete à variedade de cultivos em território nazareno durante o século XIX. Prensas romanas de oliva identificadas no sítio da Vila de Nazaré, bem como na área rural em torno da cidade, também apontam para a existência de plantações de azeitona. De igual modo, prensas romanas de uva encontradas na região central da moderna Nazaré, especificamente no sítio da Igreja da Anunciação, e no vale ao norte dali, atestam o cultivo dessa fruta.

Escavações no sítio do Centro Internacional Mariano (IMC), na sigla em inglês), também localizado no centro de Nazaré e abordado adiante neste capítulo, evidenciam que, no primeiro século, moradores locais criavam gado bovino, ovino e/ou caprino. Consequentemente, há bons motivos para deduzir que a paisagem ao redor da cidade caracterizava-se por uma mistura de atividades agropecuárias: criação de animais e cultivo de trigo, cevada, frutas e legumes, bem como olivais e vinhedos. A produção de vinho e azeite de oliva é comprovada pela presença de prensas para tais fins.

Para melhor representar como era a paisagem local, também é necessário, claro, considerar os assentamentos humanos. Felizmente, pudemos fazer isso combinando a arqueologia de resgate israelense à investigação arqueológica conduzida por minha equipe.

2.3 Assentamentos rurais nos arredores de Nazaré durante o período romano

Arqueólogos israelenses escavaram inúmeros assentamentos do período romano em Nahal Zippori (o vasto vale entre Nazaré e, ao norte desta, Séforis) durante projetos de "resgate" que antecederam obras realizadas ali. Dado o motivo de tais escavações, muito do que se encontrou nelas foi direcionado para comunidades modernas que se desenvolveram rapidamente naquele vale: Reineh, Moshav Zippori, Illit Zippori e 'Ein Zippori.

Ocorre que essas comunidades localizam-se nos sítios dos assentamentos do período romano. Em Moshav Zippori, um povoado próximo ao Parque Nacional de Séforis, trabalhos de resgate realizados pela IAA e estudos conduzidos por outros arqueólogos israelenses descobriram edificações, cisternas e túmulos do período romano, junto de prováveis indícios de vidraria e, é possível, outras atividades de fabricação. Dois lagos artificiais também podem ter servido a algum tipo de manufatura ou sido utilizados para fins agrícolas. Recentemente, um forno de cerâmica datado do período romano foi encontrado numa escavação local.

No Romano Antigo, a extração de pedras também teve vez na região hoje conhecida como Moshav Zippori. Porém, embora pareça surpreendente, há indícios de que as pedreiras ali situadas tenham sido habitadas. A evidência para isso vem de duas escavações de resgate realizadas pela IAA.

A primeira dessas escavações identificou pedreiras datadas do período romano. Uma das duas cavernas resultantes da extração de pedras nesse local contava com paredes rebocadas e buracos para fixação de uma porta. A esse ambiente ligava-se uma cisterna, também rebocada, a qual pode ter suprido de água os trabalhadores. Ora, se a caverna tivesse servido apenas de depósito de ferramentas – ou "compartimento seguro" para aqueles que trabalhavam na pedreira –, não haveria motivo para haver paredes rebocadas. Portanto, parece que esse lugar serviu de residência, ao menos em caráter temporário, durante atividade em alguma pedreira próxima.

A segunda escavação também revelou evidências de uma estrutura relacionada à extração de pedra. Aqui havia uma parede de 5 metros de comprimento esculpida em rocha e com superfície alisada; e paredes de pedra cobertas por argamassa erguiam-se formando os outros lados de um retângulo de 2,8 metros de altura, com piso ligeiramente afundado. E, como provável sustentáculo do teto, uma coluna igualmente esculpida em pedra mantinha-se preservada no canto sudeste do recinto, o qual, restava óbvio, havia sido bem mais do que mero armazém ou estábulo.

As atividades realizadas nessa estrutura tinham relação com utensílios de cozimento datados do período romano e seus equivalentes bizantinos, sugerindo que o local foi longamente utilizado por pessoas, talvez ao fazerem suas refeições. Esse lugar também parece ter servido de habitação para humanos durante séculos.

Ambas as estruturas podem ser entendidas como abrigos domésticos, quase decerto ocupados por trabalhadores das pedreiras. Isso explicaria as paredes rebocadas, a presença de cerâmica, a porta articulada e o esforço empenhado na construção de tais lugares. A relação desses locais com quem trabalhava na extração de pedras está implícita no fato de os elementos que os compunham – a coluna de rocha que provavelmente sustentava o teto, por exemplo – terem formato que só se justifica quando se presume que a decisão de construí-los ocorreu antes da atividade extrativista.

No contexto judaico do período romano, as habitações geralmente não ficavam próximas de sepulturas. Surpreende, portanto, saber que essa pequena ocupação se situava perto de um dos principais cemitérios de Séforis. Localizado nas imediações de tais estruturas, mas separado delas, esse cemitério compunha-se de tumbas escavadas na rocha, mas também de alguns túmulos prestigiosos, notadamente o do Rabino Yehuda Ben Halevi, cujo sepultamento está registrado em uma das inscrições locais.

A presença desse cemitério também pode indicar estreita relação entre Séforis e o assentamento em Moshav Zippori datado do período romano. Fontes escritas alegam que, adjacente a Séforis, havia pelo menos um vilarejo secundário.

Em Reineh, aldeia tão próxima da Nazaré moderna que chega quase a ser um de seus subúrbios, uma escavação de resgate conduzida pela IAA também identificou que aquele era o sítio de um considerável assentamento à época do período romano. Por apresentar evidências da produção de objetos de calcário, incluindo diversos modelos de recipiente, esse assentamento distingue-se de muitos outros de tamanho semelhante localizados na Galileia de tal período. Em contextos judaicos do período romano, utensílios em calcário eram produzidos na Galileia porque se acreditava que impurezas rituais não eram capazes de comprometer esse tipo de pedra.

Por conseguinte, nesses recipientes era possível armazenar qualquer coisa que se pretendesse manter pura, no sentido ritualístico, pelo que eram reutilizados repetidas vezes. Tais recipientes foram encontrados em Séforis, Nazaré e muitos outros sítios no vale entre essas duas cidades.

Ainda nos arredores da moderna Nazaré, outra aldeia do período romano foi encontrada pela IAA em Illit Zippori. Trata-se de um local que tem sido identificado, com base em fontes escritas, como possível correspondente de Ayyatalu, para onde uma das famílias sacerdotais deslocou-se como grupo de refugiados que surgiu por ocasião da destruição do segundo templo em Jerusalém.

As evidências obtidas nessa região remetem àquelas de Moshav Zippori no sentido de que incluem estruturas domésticas, tumbas escavadas em pedra e tanques artificiais, embora estes tenham sido considerados pelo escavador indicativos de piscicultura mais do que de agricultura. Se esse foi o caso, outras escavações de resgate pela IAA encontraram, a 1,5 metro de altura, paredes de casas dos períodos romano e helênico com mais de 1,5 metro de altura e bem preservadas.

O outro assentamento mais importante do período romano no vale encontra-se em 'Ein Zippori, junto à mais produtiva das muitas fontes entre Nazaré e Séforis, um óbvio lugar para povoamento em todos os períodos. As evidências do período romano encontradas junto ao poço datam do século I a.C. em diante e incluem paredes, uma cisterna, um canal e uma pedreira. Uma pequena estrutura pode ser interpretada como uma torre de vigia agrícola, do tipo igualmente encontrado nas escavações em Nazaré.

Todos esses assentamentos compõem um quadro relativamente consistente dos povoados romanos no vale entre Nazaré e Séforis. Todos contêm evidências de agricultura e extração de pedras, suplementadas por atividades manufatureiras, entre as quais a produção de vidros e de objetos de calcário, em especial recipientes para líquidos.

Essa evidência é suplementada por dois estudos de todos os sítios já registrados no vale, realizados antes do meu próprio trabalho no local (em 2004) e rapidamente descritos no capítulo 1. Naquele tempo, conheciam-se bem menos assentamentos romanos no vale, mas já estava claro que esse trecho de Nahal Zippori era cultivado e povoado por aldeias agrícolas e pequenos assentamentos, possivelmente fazendas, do início do período romano em diante.

A combinação desses estudos e escavações iniciais com minha própria pesquisa deixou claro que o vale entre Séforis e Nazaré (que daqui em diante chamaremos somente de "o vale") era densamente povoado, quando comparado com outras áreas da Galileia. A maior parte desses assentamentos era pequena, possíveis propriedades familiares, mas, como vimos em 'Illut, Moshav Zippori, Reina e 'Ein Zippori, existiam também comunidades maiores – pequenas vilas, talvez.

Neste momento, talvez seja mais conveniente nos voltarmos para o que conhecemos como a arqueologia do período romano na própria Nazaré, fora do sítio das Irmãs de Nazaré, que discutiremos com maior detalhe nos capítulos subsequentes.

2.4 Conhecimento arqueológico da Nazaré romana

Durante o século XIX, partindo exclusivamente do registro arqueológico, qualquer um poderia considerar a Nazaré romana uma cidade dos mortos. Quase todas as publicações sobre evidências arqueológicas oriundas daquele período tratavam das tumbas judaicas escavadas na rocha e dos objetos lá encontrados.

A rápida expansão de Nazaré entre 1850 e 1950 levou à descoberta acidental de inúmeros locais de sepultamento. Por serem câmaras escavadas na rocha contendo esqueletos e outros materiais de fácil reconhecimento, tais como recipientes de vidro intactos, essas tumbas dificilmente passavam despercebidas, mesmo para olhos não treinados.

Antes da Primeira Guerra Mundial, um historiador local organizou essas evidências afirmando haver três tipos de tumbas do período romano em Nazaré: as escavadas na face da rocha, os "sarcófagos em cavernas" e os *kokhim*. Esses últimos eram perfurados em câmaras subterrâneas com aberturas estreitas (*lóculos*) nas paredes para as catacumbas individuais. Algumas tinham um átrio na entrada, igualmente escavado na rocha.

Naquele momento, a maioria das tumbas encontradas na Nazaré central só era conhecida por meio de breves notas em publicações do século XIX. À parte a das Irmãs de Nazaré, a única sobre a qual havia mais detalhes fora encontrada a cerca de 30 metros da predecessora imediata da atual Igreja da Anunciação.

Era uma tumba composta por uma câmara escavada na rocha com 13 lóculos e um disco de pedra (uma "pedra rolante") bloqueando sua entrada. A julgar pelos objetos lá encontrados, esteve em utilização durante o período romano, mas foi provavelmente construída durante o século I d.C. Com base em sítios bem-documentados de outras localidades, na área de Jerusalém, por exemplo, e em Migdal ha'Emeq (Nazaré), grandes discos de pedra como esse deixaram de ser utilizados no fim daquele século.

As tumbas romanas posteriores e as bizantinas eventualmente também tinham tais discos, só que bem menores; há também outros detalhes construtivos que os diferenciam dos outros mais antigos. Nenhum exemplo dessas formas posteriores, contudo, jamais foi encontrado na própria Nazaré.

Consequentemente, não há por que duvidar que todos os *kokhim* de Nazaré tenham sido construídos durante o início do período romano, embora frequentemente permanecessem sendo utilizados até bem depois. Os objetos lá encontrados sugerem ter sido túmulos de *status* elevado.

Isso significa que Nazaré tem muito mais desses enterramentos do que se esperaria de uma pequena aldeia agrícola, mas, enquanto as tumbas de *status* elevado eram eventualmente associadas a inscrições em memória do falecido, somente três inscrições romanas foram reivindicadas como oriundas de lá.

A menos interessante delas talvez seja uma lápide com inscrições gregas, provavelmente levada para o sítio da Igreja da Anunciação para ser usada na construção de uma parede do período das Cruzadas. A reutilização de pedras previamente talhadas, mesmo sarcófagos e inscrições, é comum em edifícios medievais, inclusive em Séforis.

A mais celebrada inscrição do período romano supostamente encontrada na cidade é apropriadamente conhecida como o "Decreto de Nazaré", uma laje de mármore com um longo texto inscrito, aparente registro de um decreto imperial romano que proibia o roubo de túmulos. Desde sua publicação em 1930, tem atraído considerável interesse em gente que afirma encontrar nela a prova da ressurreição de Jesus.

No entanto, um recente estudo com análise isotópica do mármore demonstrou que o artefato é provavelmente oriundo da ilha grega de Cós. Não é absurdo supor que o material tenha sido levado de lá até a Galileia e, só então, inscrito, mas não deixa de ser no mínimo suspeito que a tumba de Nícias, que governou a ilha durante o século II a.C., tenha sido escandalosamente profanada durante o reinado de Augusto. Um evento assim pode ter levado o imperador a proclamar, em Cós, a proibição dos corpos de seus túmulos. A inscrição pode ter chegado em Nazaré somente no período moderno.

É igualmente possível, embora menos provável, que o Decreto de Nazaré não passe de uma fraude, ou que tenha vindo do cemitério de Séforis, não de Nazaré. Com seus cidadãos em geral fiéis ao império, é possível que essa cidade tenha reeditado a lei romana do *violatio sepulchri* (violação das tumbas), na qual se inspira a inscrição.

É possível que o Decreto de Nazaré provenha do período romano inicial, ou até mesmo do século I d.C. Sua associação a Nazaré, contudo, é altamente questionável – isso sem falar na possibilidade de que se refira à ressurreição.

A terceira inscrição atribuída a Nazaré é uma lápide militar romana, que provavelmente recorda um membro da *Legio IV Flavia*, estabelecida pelo Imperador Vespasiano em 70 d.C., cerca de uma geração após a crucificação de Jesus. Sua base era na Dalmácia (atual Croácia), mas pode ter sido deslocada para suprimir a Segunda Revolta Judaica.

A Segunda Revolta Judaica, entre 132 e 135 d.C., representou uma grande crise para o Império Romano, que enviou diversas tropas para combatê-la. Embora esse fato possa dar conta da presença da lápide na Galileia, sua atribuição a Nazaré é questionável. É bastante improvável que uma lápide militar romana fosse colocada numa vila judaica. Monumentos funerários dos legionários são usualmente encontrados nos cemitérios de grandes cidades ou fortes romanos. Portanto, é mais plausível que, se a lápide for mesmo proveniente da região de Nazaré, tenha vindo dos grandes cemitérios da vila pró-romana de Séforis. Seja como for, mesmo se for genuína, data do segundo século – irrelevante, portanto, para a Nazaré do século anterior.

Assim sendo, não existem inscrições de Nazaré capazes de lançar luz sobre o assentamento do século I. Nada fora do esperado – os assentamentos judaicos da Galileia do século I raramente possuem evidências dessa natureza.

2.5 A Igreja da Anunciação

As escavações arqueológicas oferecem evidências muito melhores sobre a Nazaré do primeiro século. A maior dessas escavações realizada durante o século XX ocorreu na Igreja da Anunciação, na Nazaré central (cf. Figura 2.2). A igreja encontra-se dentro de um espaço amuralhado que contém um extenso complexo de outras construções, entre os quais pátios calçados, uma passarela coberta, uma outra igreja (dedicada a São José), uma escola, um museu e um monastério franciscano. Boa parte dessa área tem sido escavada desde o século XIX.

As escavações da igreja começaram em 1892, sob a direção de R. P. Prosper Viaud e Benedict Vlaminck. Mas foi somente após a sua reconstrução na segunda metade do século XX que toda a área sob o atual edifício pôde ser explorada. Essa expedição foi dirigida por Bellarmino Bagatti, principalmente entre 1955 e 1966.

Bagatti deve ter parecido o homem perfeito para o serviço. Era padre católico, monge franciscano e membro destacado da escola franciscana de arqueologia bíblica, sediada em Jerusalém. Ele já havia coordenado importantes escavações em Roma e noutras partes da Terra Santa, bem como tinha produzido trabalhos acadêmicos sobre Nazaré desde a década de 1930. Seu conhecimento de arqueologia e da história religiosa da Galileia combinavam-se a um interesse de pesquisa muito específico por Nazaré.

O interesse de Bagatti por Nazaré surgiu quando, junto a Emanuele Testa, formulou a assim chamada hipótese "judaico-cristã" da origem do cristianismo, a qual, em suma, afirmava que um distinto conjunto de crenças e práticas religiosas caracterizava os primeiros seguidores pós-bíblicos de Jesus. Uma das mais importantes comunidades judaico-cristãs, diziam ambos, estava em Nazaré.

Como não poderia ser diferente, Bagatti estudou a arqueologia de Nazaré com essa interpretação específica em mente. Ele não estava absolutamente a par das técnicas arqueológicas mais recentes. Os métodos arqueológicos experimentaram um rápido desenvolvimento no curso do século XX, enquanto os de Bagatti eram mais característicos dos anos de 1920.

Ambos os fatores afetaram seu trabalho na Igreja da Anunciação. A escavação foi conduzida, registrada e publicada num estilo ultrapassado desde o seu início, imagine-se então quando do seu fim.

Não obstante, dentro das suas limitações, ele escavou bem a igreja, registrando e publicando o processo com detalhes suficientes para que eu pudesse reinterpretá-los em meu próprio trabalho.

Usando esses registros, e à luz de pesquisas arqueológicas mais recentes, fui capaz de reinterpretar a seguinte sequência de atividade romana e pós-romana no sítio da Igreja da Anunciação.

As primeiras atividades provenientes do período histórico que nos interessa consistem em cavernas artificiais, cisternas e poços de armazenagem (silos) talhados na rocha (cf. Figura 2.3). Alguns destes últimos têm três pavimentos de vãos interconectados, presumivelmente para criar o máximo possível de espaço de armazenamento. Esse fato pode sugerir que o espaço, ao menos para esse fim, era limitado, algo mais típico de grandes assentamentos do que de fazendas ou pequenas vilas.

Muitas das cisternas eram tão grandes que é praticamente impossível que atendessem a uma única residência. Elas devem ter sido ou comunais, construídas para atender diversas famílias, ou abasteciam de água atividades manufatureiras.

Algumas das cavernas e cisternas eram conectadas por túneis estreitos talhados na rocha. Alguns tinham perfurações relativamente circulares em seus pisos, fornos e assoalhos das lareiras, talvez para segurar jarras ou outros vasilhames. Havia também instalações agrícolas pertencentes a essa fase: prensas de azeite, bacias escavadas na rocha e provavelmente uma prensa de vinho.

Em outras partes, cavernas artificiais, bem como as naturais, eram utilizadas para armazenamento, espaço para artesanato, estábulos e moradias. Mesmo hoje isso continua a ocorrer em comunidades rurais do Oriente Médio. Até o século XX houve exemplos dessa utilização de cavernas na própria Nazaré.

Ou seja, os achados da Igreja da Anunciação são menos exóticos do que se poderia esperar. A evidência de cavernas artificiais não pode ser considerada indício de que se tratava de uma comunidade que vivia naqueles espaços. Eles deveriam ser usados como estábulos, armazéns e oficinas, não como moradias, e somente umas poucas foram utilizadas como tal.

A presença de tais elementos é, pois, mais bem interpretada como evidência de uma comunidade agrícola que pode ter incluído construções (casas de pedra, talvez) edificadas acima das estruturas subterrâneas, cujas evidências teriam sido destruídas por construções erigidas posteriormente no mesmo local. Diversas linhas cortadas na rocha viva podem ter sido paredes de pedra ou fundações para a construção de paredes na antiga superfície. É igualmente possível que pessoas tenham vivido na vizinhança imediata e usado essa área para armazenamento, estábulo ou para processamento das colheitas.

O que é incomum (quando comparado a outros sítios onde elementos semelhantes foram descobertos) é a quantidade e a distribuição de tais cavernas, poços e instalações agrícolas artificiais. Escavações mais antigas também as encontraram na área do atual pátio entre as igrejas da Anunciação e de São José (cf. Figura 2.4). Algumas, incluindo uma Grande Caverna artificial ligada a um túnel, foram descobertas diretamente sob esta última.

No geral, mais de 60 elementos talhados na rocha foram encontrados na Igreja da Anunciação e no seu entorno. Muitos deles devem ter sido usados no começo do período romano, muito embora a qualidade da evidência datável para tanto é necessariamente variável, dado que certos registros de escavações mais antigas foram destruídos durante a Segunda Guerra Mundial.

Essa evidência sugere que o sítio da Igreja da Anunciação era parte de uma substancial comunidade do início do período romano. É possível determinar com maior exatidão quando, no início do período romano, os elementos pertencentes a essa fase foram construídos a partir da cerâmica mais antiga a eles associada e da sua relação com os túneis escavados na rocha, característicos do sítio.

Esses túneis escavados na rocha são claramente posteriores aos elementos agrícolas. Alguns deles cortam paredes de poços escavados na pedra, ou cisternas, de uma tal maneira que seria difícil imaginar que teriam possibilitado a continuidade do uso com sua finalidade original.

Túneis estreitos dessa natureza são encontrados em outros sítios, e lá são típicos esconderijos associados à Primeira Revolta Judaica, que na Galileia terminou por volta de 70 d.C. Esses esconderijos apresentam um conjunto bem específico de características, entre as quais túneis estreitos do tipo encontrado na Igreja da Anunciação. Da mesma forma, mecanismos de bloqueio e travamento estão igualmente presentes no sítio.

A maior parte desses esconderijos reutilizou elementos agrícolas preexistentes, que incluíam cisternas, prensas e poços dentro das vilas. Os túneis escavados na rocha conectavam esses espaços subterrâneos de modo a facilitar sua defesa e sua inacessibilidade, exceto para quem rastejasse por eles.

Essas evidências comparativas nos permitem datar os túneis. Claro, as estruturas agrícolas (cavernas, prensas, poços e cisternas) teriam de ser, no mínimo, do mesmo período ou, mais provavelmente, anteriores aos túneis que as atravessam. E como elas foram claramente utilizadas antes de serem reconfiguradas dessa maneira, podemos afirmar que foram construídas antes de 70 d.C. – é possível que tenha sido muito antes.

Objetos associados apoiam essa datação. Há muita cerâmica no sítio da Igreja da Anunciação, inclusive vasos helenísticos tardios, como um *unguentarium* (pequeno recipiente tubular) com fins cosméticos ou medicinais e que está ligado ao século II a.C. Em Séforis e outros sítios escavados há também tipos de cerâmica de cozinha e armazenamento datáveis do século I d.C.

Entre as lamparinas cerâmicas encontradas nesse sítio existe ao menos um exemplar com gargalo oriundo do norte e datado entre o século I a.C. e o começo do I d.C. Outras podem incluir um tipo relacionado à Galileia antes do ano 70 d.C., bem como tipos possivelmente helenísticos.

Dessa forma, as descobertas de cerâmicas e lamparinas dão suporte à interpretação de que havia pessoas vivendo no sítio durante o Período Helenístico Tardio e no século I d.C. Não há nenhuma razão arqueológica que ponha em dúvida essa utilização contínua desde o século II a.C. até os anos da Primeira Revolta Judaica.

Entre a utilização das instalações agrícolas e os túneis escavados há um episódio interveniente, quando outros poços de armazenamento foram construídos. Sua relação com os elementos agrícolas torna possível demonstrar serem posteriores a eles, mas são igualmente mais recentes do que os túneis. Todas essas fases precedem à construção de grandes cisternas com desenho relativamente circular, talvez edificadas em algum momento entre os séculos I e IV.

Entre os espaços subterrâneos datados do início do período romano está a famosa Caverna da Anunciação, que muitos peregrinos do século XXI acreditam ser o local onde o anjo anunciou à Virgem Maria que ela daria à luz a Jesus. Trata-se de uma tradição bastante longeva, que recua até fins do período romano.

Mas há algo mais que, com base na arqueologia, pode ser dito sobre os usos da Caverna da Anunciação no começo do período romano. É possível que, originalmente, fosse uma caverna natural, mas, se esse for o caso, as evidências foram obscurecidas pelas intensas remodelações subsequentes. Lá dentro, os elementos mais antigos hoje identificáveis podem ser um corte semicircular na face sudeste e, possivelmente, uma pequena cavidade em seu piso, do tipo que, em outras partes, é interpretado como espaço para um pote ou outro tipo qualquer de vasilhame.

Como muitas outras, essa caverna apresenta um túnel que a conecta a outro espaço subterrâneo, e quatro poços escavados na rocha eram também possíveis partes do mesmo complexo.

Parece ter havido uma instalação agrícola que incluía uma prensa e armazéns. Ela passou por pelo menos uma fase de remodelamento antes de ser cortada pelo túnel, e o sistema de datação, proposto para vestígios escavados e ligados pelo túnel, indica que estava sendo utilizada por volta do ano 70 d.C. Fragmentos de recipientes cerâmicos e de pedra (o caco de uma lamparina do Período Helenístico Tardio e fragmentos de dois vasilhames de pedra) encontrados em associação a esse complexo agrícola apontam para o século I.

Dessa forma, a Caverna da Anunciação era parte provável de um assentamento do começo do século I. Logo, a datação implícita do complexo, tanto a moderna quanto a dos primeiros peregrinos e das autoridades da atual Igreja da Anunciação (que consideram ter estado em uso durante o começo do século I), está muito provavelmente correta.

A escavação realizada por Bagatti também fornece evidência sobre uma série de igrejas do sítio, a começar do século IV. A primeira era uma estrutura pequena, mas elaborada e decorada, próxima à Caverna da Anunciação. É possível que, por essa época, uma caverna artificial com elementos inusuais, talvez indicativos de seu uso na veneração de um santo, tenha sido escavada próxima à caverna – muito embora também possa ter sido a reutilização de uma caverna de um período precedente.

No século V, um piso mosaico com uma inscrição dizendo ter sido dedicada por Conão, um diácono (membro do clero cristão) de Jerusalém, foi acrescentado ao santuário-caverna. Esse nome não é habitual, e seu uso aqui é especialmente interessante por recordar um homônimo mais antigo do *Martírio de Conão*.

A datação indica que Conão, o diácono, e seu homônimo mártir não podem ser a mesma pessoa. Não há por que supor que fossem ao menos aparentados. Mas é possível que o clérigo tenha dedicado o piso mosaico em Nazaré graças ao santo com quem compartilhava o nome.

Após uma fase interveniente em que a área externa à Caverna da Anunciação foi coberta por um pavimento e muitas lamparinas cerâmicas foram depositadas, uma nova igreja foi edificada, provavelmente em meados do século V. A decoração era elaborada, com pisos mosaicos multicoloridos, alguns dos quais assentados sobre outros, indicando uma patronagem duradoura, é provável que de cristãos ricos. A igreja esteve associada a grafitos que apoiam sua identificação com a Igreja da Anunciação bizantina, conhecida por meio de fontes escritas. Um pequeno monastério foi construído adjacente ao templo.

A igreja bizantina foi eventualmente substituída por uma impressionante catedral cruzada, após a tomada de Nazaré em 1099, que durou até a conquista muçulmana da cidade. Durante o período de dominação islâmica, a Caverna da Anunciação permaneceu sendo venerada, e uma igreja franciscana foi erguida no século XVII para receber os peregrinos. A atual basílica, do tamanho de uma catedral, é a sucessora da primeira igreja e de sua sucedânea franciscana.

2.6 Trabalhos arqueológicos subsequentes em Nazaré

Desde o fim das escavações da Igreja da Anunciação, quase todo trabalho arqueológico em Nazaré, com exceção de meu próprio projeto de pesquisa e de mais outros dois norte-americanos, tem consistido de escavações de exploração e resgate empreendidas pela IAA.

As escavações da IAA lançaram novas luzes sobre a antiga Nazaré. Uma delas identificou uma grande pedreira do período romano na face norte de Har Nadiv, um monte que se encontra hoje nos subúrbios da cidade, e é importante por exibir as mesmas técnicas de trabalho da rocha evidenciadas em jazidas menores situadas em Nahal Zippori, cujos contextos são datados.

Ainda mais informativa foi a escavação de Wadi el-Juani, onde uma trilha do período romano levava a uma pedreira e a terraços agrícolas com torres de vigia semicirculares construídas com as chamadas "pedras soltas", ou seja, sem argamassa, fato que confirma a evidência encontrada pelo projeto norte-americano Nazareth Village, que identificou elementos semelhantes, além de prensas agrícolas, nas proximidades do centro de Nazaré.

Juntas, essas duas escavações demonstram que a gente que habitava Nazaré provavelmente se ocupava nas mesmas atividades agrícolas e extrativistas observadas no vale. De igual forma, elas fornecem evidência direta de que aquela população era capaz de construir terraços bem-feitos, atenuando escarpas íngremes dos morros e construindo muros de pedras soltas.

Duas campanhas de salvamento realizadas nas proximidades da Igreja da Anunciação, ambas comandadas por Yardena Alexandre, arqueóloga do IAA, têm produzido evidências fascinantes diretamente relacionadas à ocupação humana daquilo que é hoje o centro de Nazaré.

Yardena escavou duas áreas próximas ao Poço de Maria. Numa delas (a qual chamou de "Praça da Igreja"), no espaço aberto e pavimentado defronte à igreja greco-ortodoxa de São Gabriel, ela encontrou três fragmentos de muros de datação incerta, mas certamente pré-medieval. No mesmo sítio foram encontradas também moedas helenísticas (as únicas descobertas até agora em Nazaré), dando apoio à interpretação de atividades daquele período específico nas proximidades do poço. Na outra área escavada, que Yardena chamou de "Praça da Fonte", havia dutos de água datados da época romana. Moedas, cerâmica e uma lamparina de terracota datadas do mesmo período instruem a datação da ocupação.

Ainda não se chegou a um consenso sobre como tudo isso se relaciona aos períodos helenístico tardio e romano de Nazaré. O testemunho de Egéria confirma que o Poço de Maria encontrava-se fora, mas não muito, da Nazaré do quarto século. Consequentemente, a ocupação onde se insere deve ser evidência dos períodos helenístico tardio ou mesmo romano da cidade, ou então poderia estar relacionada a uma outra comunidade adjacente.

A outra escavação comandada por Yardena Alexandre para a IAA confirmou ocupações do início do período romano. Ocorrida durante a construção do Centro Mariano Internacional, a partir de então passou a ser conhecida como sítio IMC. A arqueóloga produziu um bom relatório da escavação; a identificação e a interpretação das estruturas e dos achados basearam-se mais em sua narrativa da escavação do que em minha própria interpretação, salvo quando indicação em contrário.

A escavação encontrou diversos cômodos de um edifício datado de fins do período helenístico e começo do romano. Majoritariamente construídos em pedra, usavam também paredes talhadas na rocha com até 90 centímetros de altura. Como algumas das estruturas semelhantes encontradas em Moshav Zippori, certos cômodos do sítio IMC tinham pisos cortados diretamente da superfície da rocha, enquanto outros eram feitos de calcário triturado, colocado de modo direto sobre a superfície natural.

Essas paredes normalmente eram construídas com detrito de calcário, mas incluíam um segmento que incorporou lápides eretas com o detrito preenchendo os espaços entre as lajes. É raro descobrir esse tipo de construção na Galileia do período romano, mas eu cheguei a encontrá-lo em um dos edifícios de Yodefat, uma grande *villa* (ou pequena cidade) destruída durante a Primeira Revolta Judaica e que aparentemente não voltou a ser habitada.

Uma série de poços de armazenamento sobrepostos e escavados da rocha foi construída nos pisos do edifício, muito parecidos com os encontrados no sítio da Igreja da Anunciação. Tal semelhança e os achados arqueológicos que os acompanham (sobre os quais falaremos mais adiante) dão suporte à interpretação do uso habitacional da construção.

À vista de sua relevância para o sítio das Irmãs de Nazaré, é importante mencionar que essas paredes permaneceram como ruínas medievo adentro. Só no período das Cruzadas as paredes de um edifício abobadado foram construídas sobre elas, utilizando restos de construções antigas e arruinadas como fundações.

A ocupação tardo-helenística e romana no sítio IMC parece ter sido contínua e legou uma série de achados de ambos os períodos. A maioria dos objetos era de cacos cerâmicos de panelas e vasos de armazenamento. Havia também fragmentos de recipientes de calcário e outros itens de pedra talhada, metal e ossos.

Panelas de barro eram geralmente produzidas em Kefar Hananya, uma cerâmica vermelha, dura, feita em uma vila judia mais ao norte da Galileia. Os vasos de armazenamento eram comuns nos grupos de cerâmica tanto do período tardo-helenístico quanto do romano do sítio. Eles incluíam vasos *Shinkhin*, assim chamados por serem produzidos na vila judia de mesmo nome, ao norte de Séforis, onde foram datados entre os séculos I e III d.C. Yardena Alexandre observou que durante a escavação em Karm er-Ras, igualmente executada para a IAA, eles apareceram pela primeira vez na primeira metade do século I d.C.

Durante minha pesquisa no vale, observei que as panelas de Kefar Hananya e os vasos de Shikhin compunham o "conjunto" padrão das cerâmicas caseiras (que descrevo usando a abreviatura KHS) da área de Nazaré durante o período romano. Consequentemente, a ocorrência desses dois tipos no sítio IMC reforça a interpretação proposta por Yardena de que consiste em uma moradia do início do período romano.

Além das panelas e dos vasos de armazenagem, cacos de lamparinas cerâmicas herodianas (*knife-pared*) de inícios do período romano também foram encontradas no sítio. Trata-se de um tipo de lamparina encontrado, com frequência, em assentamentos galileus dessa época. Curiosamente, muitos desses objetos achados na Galileia eram manufaturados na área de Jerusalém. Num contexto cultural judaico do começo do período romano, essa preferência pode ter se baseado mais na significância religiosa de Jerusalém do que no simples sucesso comercial. A interpretação de que a estrutura estava associada a um contexto cultural judaico é reforçada pela presença de fragmentos de vasos de calcário.

Entre outros achados havia cacos de recipientes de vidro e uma moeda romana do imperador romano Cláudio. Mós de basalto – possivelmente usadas para moer grãos a fim de fabricar pão – também devem ter sido trazidas para Nazaré, pois esse tipo de material não está presente na geologia local.

Tais objetos, mais as cerâmicas de cozinha e de armazenamento, podem dar a entender que os ocupantes do edifício eram abastados o suficiente para adquirir produtos de fora da cidade, algo que, por sua vez, sugere uma comunidade que não estava presa ao simples nível de subsistência.

O único grupo de ossos de animais associado à Nazaré do primeiro século também foi descoberto durante essa escavação. Sua análise, feita por Nimrod Marom, da IAA, demonstrou que pertenciam a gado bovino, caprinos ou ovinos (é difícil, até mesmo para um especialista, diferenciá-los), galinhas e um burro. Os primeiros dois grupos exibiam marcas de cortes, indicando o uso alimentar desses animais. Inversamente, não há motivo para acreditar que a carne do burro foi consumida. Outra vez, esses vestígios favorecem a interpretação doméstica dessas estruturas do período romano inicial.

Um peso de tear usado na fabricação de tecidos também reforça a interpretação doméstica do sítio. Sua forma piramidal é semelhante às de outros encontrados em assentamentos galileus do início do período romano. Pesos dessa forma, contudo, parecem ter deixado de ser utilizados na Galileia depois do primeiro século, o que reforça ainda mais a leitura de que essa estrutura do sítio IMC é uma moradia do século I d.C.

2.7 Evidências para a Nazaré do século I

Essa vista geral das fontes conhecidas com dados sobre o assentamento em Nazaré durante o primeiro século demonstra haver bastantes evidências escritas e arqueológicas para confirmar com certeza a existência de um assentamento desse período no que hoje é o centro da moderna Nazaré, cujas origens, conforme demonstrado pela pesquisa arqueológica, encontram-se no período tardo-helenístico (cf. Figura 2.5).

Há também evidência de continuidade entre o assentamento do século I e sua contraparte do século IV. E, a não ser que os habitantes dessa urbanidade mais recente ignorassem a denominação de sua localidade em gerações pretéritas, parece razoável aceitar que esse assentamento mais novo localizava-se aproximadamente no mesmo sítio que sua contraparte mais antiga.

Ou seja, o assentamento do século I que conseguimos observar por meio da arqueologia no centro da moderna Nazaré é a Nazaré citada nos evangelhos. Tal fato levanta uma questão: Com base nas fontes escritas para além dos relatos evangélicos, o que pode ser afirmado com certeza sobre esse assentamento?

À parte as breves menções encontradas nos evangelhos, as fontes escritas são, em geral, inúteis para reconstruir o assentamento do primeiro século. Para encontrar mais informações a respeito da Nazaré, lugar físico do século I, é, portanto, necessário apelar para as evidências arqueológicas e para a compreensão de seus antigos topografia, contexto geográfico e ambiente natural.

Como demonstrado neste capítulo, as evidências arqueológicas sobre a Nazaré do primeiro século podem ser limitadas, mas existem. De fato, um retrato consistente pode ser construído a partir dos terraços agrícolas, das tumbas escavadas na rocha, das pedreiras e das instalações agrícolas, como as prensas de azeite e vinho e os armazéns. Como veremos mais adiante, os sítios IMC e das Irmãs de Nazaré oferecem também impressões largamente consistentes das moradias da Nazaré do século I.

Assim sendo, a arqueologia nos permite uma maior compreensão de como era o assentamento e da vida nele, algo que nos leva ao sítio das Irmãs de Nazaré. No próximo capítulo saberemos como foi descoberto e por que (à parte suas possíveis implicações com relação à Nazaré do primeiro século) as primeiras escavações arqueológicas lá realizadas foram pioneiras no desenvolvimento mundial da arqueologia.

3
Descobertas maravilhosas

3.1 Madre Marie Giraud, superiora do convento e pioneira da arqueologia

Na véspera de Natal de 1881, as irmãs de Nazaré adquiriram o atual sítio do convento, e uma das primeiras coisas que fizeram, após celebrar o Natal, supomos, foi reformar uma cisterna subterrânea, ou seja, um reservatório de água. Como muitas outras em Nazaré, ela era escavada no calcário natural e fora usada durante o século XIX pelas casas que ocupavam a terra antes que as freiras a comprassem.

As irmãs contrataram um trabalhador local para executar o serviço, e, ao cavar para ter acesso à cisterna, ele encontrou uma coluna de granito quase intacta, com mais de três metros de comprimento. Era obviamente algo advindo de alguma grande construção antiga – bem diferente das casas do sítio. A coluna chamou a atenção da superiora do convento, Madre Marie Giraud (1840-1900), que anotou o achado em seu diário.

No ano seguinte, trabalhadores levantando o muro leste do convento descobriram grandes blocos de pedra utilizados para construção e vários pedaços de pedra esculpida. Mais tarde, naquele mesmo ano, fragmentos de outra coluna foram encontrados a noroeste do jardim conventual. Tudo isso confirmava: claramente, ao menos um edifício bem antigo havia existido naquele local, e, a julgar pela pedra esculpida e pela coluna, era bem mais do que uma moradia ordinária.

Madre Giraud sabia que pedra esculpida e colunas eram indicativos de uma igreja do período bizantino ou do tempo das Cruzadas. Talvez cristãos antigos já tivessem praticado sua religião naquele mesmo lugar, o que trouxe à sua memória uma conversa que tivera quando da aquisição do terreno.

Uma mulher local dissera-lhe que ali já havia sido lugar da "tumba de um santo", um "homem justo", onde existira uma "grande igreja". Duas pessoas são chamadas de "justas" na Bíblia: São José e São Tiago (este último descrito nos evangelhos como o irmão de Jesus). Ambos haviam vivido em Jerusalém, claro, mas acreditava-se que Tiago estivesse enterrado em Jerusalém.

Madre Giraud não era uma pessoa crédula. Toda sorte de histórias circulava pela Terra Santa durante o século XIX, mas talvez, ela pensou, a mulher realmente soubesse de algo a respeito do lugar. Poderia ter sido uma igreja bizantina, ou mesmo da época das Cruzadas? E o túmulo de São José? Ele precisava estar enterrado em algum lugar!

Em 18 de outubro de 1884, outros trabalhadores no convento descobriram uma câmara com abóbada cruzada cerca de cinco metros abaixo da superfície (cf. Figura 3.1). Seria a evidência da igreja? Madre Giraud sentiu que as freiras deveriam investigar.

Quando escavaram ainda mais fundo, elas descobriram que a câmara estava cheia de barro compactado que chegava até 10 ou 20 centímetros do seu teto. Eventualmente, descobriu-se que esse material era um depósito de aluvião resultante da sedimentação pela água, e nesse caso parecia que dois ou três metros de solo haviam sido levados pela chuva que entrava por uma abertura no alto da câmara. Essa estrutura ainda existe hoje e deve ter sido uma descoberta impressionante quando vista pela primeira vez.

Naquele momento, Madre Giraud tomou a importante decisão de realizar mais escavações, mas, em vez de chamar um especialista de fora (mesmo naquela época já existiam "arqueólogos bíblicos" na Terra Santa), ela decidiu que as próprias irmãs, sob sua direção, dariam seguimento à escavação.

A mão de obra era composta por freiras que, embora ajudadas por trabalhadores, realizaram elas mesmas boa parte das escavações. Um desses ajudantes, entrevistado já idoso, recordou ter visto Madre Giraud monitorando constantemente o serviço, sempre com seu característico pequeno caderno de anotações, onde registrava o que ia sendo encontrado.

Tratava-se de um dos primeiros projetos de escavação arqueológica do mundo iniciado e dirigido por uma mulher, e até os anos de 1930 a direção da empreitada continuou a cargo das superioras do convento. A visão de freiras escavando deve ter sido comum no convento durante décadas.

Era também a primeira escavação arqueológica no centro de Nazaré. Como mencionamos no capítulo 2, Prosper Viaud e Benedict Vlaminck só começaram a escavar a Igreja da Anunciação cerca de oito anos depois. Madre Giraud foi não somente uma pioneira da arqueologia, mas também deu início à pesquisa arqueológica em Nazaré.

A escavação da câmara com abóbada cruzada empreendida por Madre Giraud mostrou ser notavelmente produtiva. No barro as freiras encontraram fragmentos de mármore com marcas de cinzel, fragmentos de colunas, moedas bizantinas, cacos de lamparinas de cerâmica e até mesmo uma lamparina inteira. Essas descobertas iniciais confirmaram a primeira impressão de Madre Giraud e indicavam a existência de atividades durante o período bizantino, ou até mais antigas, no lugar. O começo era estimulante, especialmente no contexto modorrento de um convento francês do século XIX.

Ao pé das paredes, uma pilha de pedras de mosaico (que os arqueólogos chamam de *tésseras*) verdes, azuis, douradas, vermelhas e cor-de-rosa foi encontrada no piso. Provavelmente haviam caído dos elaborados mosaicos que ornavam as paredes da câmara. Tornava-se óbvio que aquilo era muito mais do que uma simples cisterna. Seria parte de uma "grande igreja"?

Instigada pelas descobertas, Madre Giraud levou as freiras a explorar outros espaços subterrâneos que levavam à câmara com abóbada cruzada, seguindo um caminho que eu mesmo refiz quando da minha primeira visita ao convento, em 2005. Para elas, claro, o percurso foi muito mais difícil, pois aqueles espaços estavam completamente cheios de terra.

A terra tinha de ser escavada e removida de uma área de trabalho que continuava a ser bastante restrita: na década de 1880, quem quer que desejasse chegar à câmara com abóbada cruzada precisava descer pelo buraco no teto, e foi por aquele mesmo orifício que elas devem ter retirado a terra.

Além disso, a escavação das freiras abria caminho formando túneis lateralmente, e não a partir de cima. O colapso repentino do solo que escavavam ou das estruturas antigas era um perigo real. E fazer tudo isso vestindo os hábitos conventuais do século XIX deve ter deixado tudo ainda mais difícil.

Havia também o problema da iluminação. Mesmo hoje, com os espaços subterrâneos bem mais abertos, quando a luz elétrica é desligada o porão fica completamente escuro. Deve ter havido, então, umas poucas fontes de iluminação para além da pequena abertura no teto da cisterna: algumas velas e lanternas que as freiras e os trabalhadores traziam consigo.

Era, portanto, um trabalho sombrio, precário, poeirento e perigoso – eventualmente mais semelhante à mineração do que ao trabalho arqueológico tradicional. Que não tenha havido acidentes ou feridos é, por si só, um testemunho do cuidado e da precaução das freiras.

O progresso era necessariamente lento, e a descoberta de tantos objetos – os diários do convento e outras descrições contemporâneas mencionam muitos deles – deve tê-lo deixado ainda mais demorado. O solo precisava ser analisado, e os itens frágeis manuseados com cuidado.

Apesar de tudo, Madre Giraud manteve registros meticulosos daquilo que era encontrado. Embora obviamente menos detalhados do que o exigido de trabalhos arqueológicos do século XX, eles de fato oferecem boas indicações daquilo que as irmãs descobriam.

Madre Giraud era, também, muito boa em interpretar descobertas. Não há especulações absurdas, mas sim inferências lógicas a partir das estruturas e dos objetos encontrados, um feito notável para alguém sem treinamento arqueológico formal e que, ao mesmo tempo, administrava um convento e cumpria as tarefas religiosas de uma freira.

Empunhando picaretas para abrir seus caminhos, as freiras chegaram inicialmente aos degraus de uma escada que levavam a uma Grande Caverna, e ficaram impressionadas por encontrar um espaço subterrâneo tão amplo justo abaixo do seu convento. Lá elas descobriram uma grossa camada de cinzas sob a argila de aluvião, incluindo uma lamparina de cerâmica enegrecida que pesquisas posteriores mostrariam ser essencial para datar o fim do uso medieval do sítio. Primeiro, elas escavaram ao longo do lado leste da caverna, e depois voltaram sua atenção para a metade oeste.

3.2 Explorando a Grande Caverna

Igual à câmara com abóbada cruzada, a Grande Caverna revelou ser arqueologicamente muito interessante. Junto a um dos lados do seu fundo curvo havia uma bancada plana escavada na rocha, com quatro pias talhadas em sua superfície, cada uma delas com orifícios nos lados, para que o líquido pudesse escorrer de uma para outra.

É possível que essas pias fossem originalmente revestidas de chumbo, um material que deixou vestígios. Na face da rocha logo acima do sul das pias havia pequenos orifícios circulares, provavelmente perfurados para passar canos de chumbo. Três outras pias menores (feitas com pedras unidas com argamassa, não talhadas na rocha) continuavam a linha de quatro pias escavadas na rocha no sentido sul.

Essas pias menores alimentavam umas às outras no sentido sul-norte, tal qual suas contrapartes maiores escavadas na rocha. Logo abaixo delas, as freiras encontraram um túmulo que continha o esqueleto em posição de agachamento de um homem usando um anel, possivelmente feito de liga de cobre (cf. Figura 3.2).

O anel levou as freiras a supor que o túmulo pertencesse a um bispo bizantino. Joias desse tipo são um dos símbolos desses clérigos, e elas julgavam estar escavando o sítio de uma igreja bizantina.

Veremos mais adiante que é mais provável que o túmulo tenha sido o local de um enterro judaico do período romano, mas ainda hoje ele é eventualmente chamado de "Túmulo do Bispo". As freiras reenterraram o esqueleto, muito embora não haja registro de onde o fizeram.

Elas continuaram a escavar a caverna e as câmaras adjacentes, talhadas na rocha do lado leste, até que reconheceram as cisternas. A maior delas permanece visível até hoje por meio de uma abertura no teto abobadado. A argila que as preenchia formara três grossas camadas.

Na mais profunda foram encontrados recipientes e lamparinas cerâmicos e frascos de vidro que provavelmente continham perfume (tais objetos são conhecidos pelos arqueólogos como *unguentaria*). De modo notável, na camada seguinte havia também três fragmentos bem preservados de tecido com bordados de ouro, além de cerâmica pintada e cinzas. É provável que o tecido, destruído pela água, tenha sido preservado pela argila que o cercava, isolando-o do ar que certamente teria provocado sua decomposição. A primeira camada continha algo que foi descrito como uma mistura de objetos, muito embora sua identificação ou não foi registrada ou o registro foi perdido.

Na década de 1880 os arqueólogos estavam apenas começando a prestar atenção à estruturação das camadas nos sítios, de modo que nesse particular as freiras aplicavam o que havia de mais moderno em termos de técnicas de escavação. De fato, os frascos de vidro encontrados na cisterna representam a primeira evidência arqueológica já encontrada de um assentamento na Nazaré do século I, muito embora isso só seria percebido, uma vez mais, por meio do meu próprio trabalho.

Diferentemente dos muitos achados realizados pelas freiras, os frascos ainda estão no museu do convento. Alguns deles podem ser datados com precisão por meio da comparação com outros exemplares descobertos em outros sítios de datação conhecida. A maioria é feita em vidro verde. Ao menos dois fragmentos de recipientes piriformes são característicos do século I d.C. Há também dez fragmentos (cacos) de outros recipientes em vidro azul-escuro com traços de vidro amarelo, que podem ser datados entre os séculos I a.C. e I d.C.

Frascos de vidro desse tipo eram colocados em tumbas escavadas na rocha ou usados em casa, para conter perfumes. Havia dois modos por que tais recipientes chegassem na cisterna escavada na rocha naquele período: caindo pela abertura no teto ou sendo usados lá dentro. O alto do morro seria um local improvável para uma tumba (elas eram geralmente escavadas nas encostas) e, como os recipientes vieram de uma cisterna, e não de uma tumba, muito provavelmente tinham sido levados pela água até lá.

Tal evidência sugere que, qualquer que fosse a conformação do assentamento de Nazaré durante o século I, ela incluiria o jardim dos fundos do atual convento, e a cisterna havia sido originalmente utilizada como parte de um assentamento do século I. Esses achados foram os primeiros a demonstrar aquilo que os arqueólogos reconhecem hoje como evidências materiais da ocupação de Nazaré no primeiro século, uma descoberta que deve ser atribuída à Madre Giraud e a mais ninguém.

Voltemos à escavação das freiras. Ao norte da cisterna que continha os frascos elas encontraram uma câmara escavada na rocha. Tinha uma forma aproximadamente retangular e era coberta por uma *abóbada de berço*, um teto arqueado cuja forma lembra a metade de um barril. Um duto de água em forma de U, talhado no calcário no alto da parede, vertia água na cisterna a partir de um outro reservatório escavado na rocha mais ao norte. Em seu lado oeste havia um portal de formato arredondado, mas irregular, aberto na rocha, e que levava a degraus escavados que conduziam até a Grande Caverna.

Assim sendo, a série de câmaras do lado leste da caverna consistia em duas cisternas, uma em cada lado da câmara retangular. O fundo curvo da Grande Caverna provavelmente fora também uma outra cisterna de um período semelhante, cujo acesso se dava por meio da abertura no teto, que mais tarde seria utilizada como um "poço de luz" para que o brilho do sol adentrasse a caverna (cf. Figura 3.3).

A câmara retangular em si tinha uma entrada para a Grande Caverna e um portal que levava a uma passagem bloqueada, posicionada ao alto da parede oeste da câmara retangular. Não há registro de que a passagem atrás dela tenha sido explorada, seja pelas freiras, seja por qualquer investigador posterior. Até hoje ela permanece intocada.

Enquanto isso, um drama desenrolava-se dentro da Grande Caverna. Em 1º de abril de 1886, Madre Giraud começou a escavar o setor noroeste da caverna em busca de uma parede, seguindo o conselho de um "engenheiro alemão" (possivelmente Gottlieb Schumacher, que em 1889 escreveu um dos raros artigos acadêmicos sérios a respeito do sítio anteriores a 2006). A escavação encontrou mais uma cisterna escavada na rocha quando, do nada, ocorreu uma explosão! Elas haviam atingido um bolsão de gás metano. Ninguém se feriu, mas compreensivelmente a exploração daquela área foi interrompida. Não obstante, após uma pausa de poucos meses, Madre Giraud começou as escavações do outro lado da Grande Caverna em 29 de setembro de 1889 – não seria uma pequena explosão que a tiraria do caminho.

Imediatamente, as freiras encontraram uma parede alta, voltada para a entrada da Grande Caverna desde a câmara com abóbada cruzada, e construída em um depósito de aluvião semelhante ao que havia preenchido os outros espaços já explorados.

A parede tinha uma série de nichos rasos ao longo da parte superior, uma clara evidência de sua associação com a água. Havia um duto escavado na rocha, semelhante ao existente na câmara retangular junto à caverna. A água de uma cisterna construída por trás da parede alimentava as pias de pedra do outro lado da caverna. Não sabemos exatamente para que eram utilizadas, mas elas se somam aos indícios de que a caverna estava relacionada à coleta e à utilização da água.

Em fevereiro de 1887 as freiras quebraram a parede (aparentemente em seu lado norte, pois a leste permanece intacta) e encontraram atrás dela dois enterramentos escavados na rocha. Eles continham moedas ilegíveis, mas pareciam antigas. Duas sepulturas semelhantes foram encontradas no lado sul da caverna e também continham moedas. Havia, então, cinco covas talhadas na rocha: essas quatro mais uma (o chamado "Túmulo do Bispo"), que continha o esqueleto em posição de agachamento e o anel.

Ao menos quatro delas encontravam-se em um tipo de espaço para enterros conhecido como *lóculos* pela arqueologia mediterrânica (cf. Figura 3.4). Eles são comumente encontrados nas tumbas judaicas escavadas na rocha da Terra Santa durante o período romano – conhecemos milhares deles atualmente, e já na década de 1880 eram elementos reconhecíveis e associados a funerais judaicos da época do Império Romano.

De março a outubro daquele ano as freiras pausaram mais uma vez os trabalhos, retomando-os em fins de novembro com a escavação do piso da caverna até atingir o leito rochoso natural. No decorrer dessas atividades foram encontradas quatro outras pequenas pias, na superfície da argila de aluvião junto à parede com os nichos, algo que, mais uma vez, reforçou a ligação dessa parede e da Grande Caverna com a água.

A cisterna por trás da parede alimentava as pias, cuja água, por sua vez, chegava às outras do outro lado da caverna. Madre Giraud percebeu que tal fato sugeria uma conexão funcional entre a parede e as pias no fundo curvo da caverna. Isso significava, ela acreditou, que a utilização dos dois conjuntos de pias ocorreu, ao menos parcialmente, durante um mesmo período.

Nenhum dos primeiros exploradores do sítio parece ter notado, mas para mim essa evidência significa que deve ter havido ao menos dois depósitos de aluvião na caverna: um sob a parede com os nichos e os elementos a ela associados; outro enchendo, quase até o teto, a Grande Caverna, as cisternas do lado leste e a câmara abobadada. Sem as notas precisas de Madre Giraud, esse fato crucial não teria sido registrado.

Contudo, naquele momento Madre Giraud estava mais preocupada com os muitos objetos e as pedras esculpidas que apareciam durante as escavações. Ela registrou fragmentos de colunas de pedra sob a entrada em arco ao norte da caverna, fragmentos de mármore importado e o grande fragmento de um painel de pedra. Cerâmica, cacos de frascos de vidro, moedas e objetos de metal também foram encontrados.

Havia tésseras de várias cores – verde, amarelo, vermelho e cor-de-rosa. Algumas eram feitas de vidro coberto com folhas de ouro. Esses cubos foram encontrados ao longo de toda a Grande Caverna, às vezes em pilhas, mas também na câmara com abóbada cruzada. Havia também muito cal-gesso, que pode ter sido utilizado para criar superfícies lisas nas paredes irregulares a fim de assentar os mosaicos.

A própria Madre Giraud percebeu que muitas dessas pedras de mosaico deviam ter caído das paredes da caverna. Um dos desenhos da escavação, contudo, mostra um painel-mosaico decorado com uma cruz isósceles, ou equilinear (de braços iguais), com pontos entre cada um dos braços – provavelmente parte de um piso mosaico.

Foi naquele momento que Schumacher, o engenheiro alemão cuja dica havia levado à explosão de 1886, publicou uma breve descrição de sua visita ao sítio em 1888, logo após as freiras terem interrompido as escavações na Grande Caverna.

Schumacher confirmou que Madre Giraud registrou e mencionou "sinais de emassamento original em diferentes partes" das paredes e "pilhas de massa boa, grossa". Ele também descreveu uma pequena câmara no sudoeste da caverna que continha uma outra cisterna. Segundo a planta bastante esquemática que ele publicou, parece ter havido uma outra sepultura, vazia, nessa pequena câmara.

O engenheiro observou que as freiras tinham encontrado muita cerâmica "pintada com listras pretas simples", provavelmente aquilo que os arqueólogos atuais chamariam de Handmade Geometrically

Painted Ware (HGPW), ou cerâmica com pintura geométrica feita à mão, do período medieval. Outros vasos e lamparinas, contas de vidro, além de moedas romanas, bizantinas e islâmicas, também foram mencionados. Esses achados confirmam os registros das próprias freiras, que citam objetos romanos, bizantinos e medievais.

Schumacher retirou alguns itens da caverna: uma figurinha feminina estilizada feita em osso, uma estatueta de calcário bem esculpida de um personagem usando um manto, com o braço vestido sobre a cintura e o que parece ser uma estola ou faixa, e uma pequena coluna de mármore. Ele também resgatou uma das lamparinas intactas, facilmente reconhecível como da época das Cruzadas, da virada dos séculos XII e XIII. Esse objeto, disse Schumacher, foi encontrado em um profundo depósito de cinzas no canto norte da caverna. Tanto a figurinha de osso quanto a lamparina estão hoje preservadas no museu do convento, e ambas são importantes elementos para a datação da Grande Caverna.

Começando pela figurinha: trata-se de um pedaço de osso achatado e alongado, curvo nas pontas e inscrito com uma mistura de linhas e desenhos do tipo "anel e ponto" (*ring and dot*), demonstrando, portanto, ter sido feita para ser uma imagem feminina. É um gênero de artefatos encontrado em outras partes, em sítios ocupados no começo do período islâmico, mas é provável que fossem produzidos por comunidades cristãs, não pelas muçulmanas. Como grupo, podem ser datados entre os séculos VI e XI, e exemplares muito estilizados, como o encontrado pelas irmãs de Nazaré, parecem ocorrer especificamente entre os séculos VIII e XI. Tem havido debates acadêmicos a respeito de sua função, e uma sólida possibilidade é que estivessem associados a peregrinações cristãs, sendo depositadas em santuários em ação de graças por curas alcançadas.

Obviamente, a presença de um objeto do período oriundo do intervalo entre os séculos VIII e XI sugere que ele possa ter sido usado durante o dado período. Da mesma forma, se as figurinhas estavam associadas a lugares de peregrinação cristã, é possível, portanto, inferir uma atividade dessa natureza ocorrendo no sítio das Irmãs de Nazaré. A maneira como foi parar na caverna será discutida mais adiante neste capítulo, mas vale a pena analisar primeiro a lamparina (cf. Figura 3.5).

O profundo depósito de cinzas em que a lamparina foi encontrada estende-se por toda a Grande Caverna, e isso quase sempre é o indicativo de um incêndio de proporções significativas, que pôs fim às atividades na caverna até que as irmãs a escavassem. É possível que objetos tenham sido jogados lá para dentro mais tarde, pela abertura no teto, mas até a escavação do século XIX ninguém teria condições de entrar na caverna após as cinzas terem assentado.

Como a lamparina de cerâmica foi encontrada na camada de cinzas, sua datação fornece um *terminus post quem* para quando ocorrera o depósito das cinzas. O objeto é de um tipo que os arqueólogos conhecem por *slipper lamps*, "lamparinas chinelo", feitas durante o período das Cruzadas, e o modelo específico do exemplar encontrado pode ser datado, mais precisamente, de fins do século XII, por volta de 1200.

Dra. Edna Stern, especialista mundial em cerâmica do período das Cruzadas na Terra Santa, examinou a lamparina comigo em 2008 e confirmou o tipo e a data do objeto. Consequentemente, a camada de cinzas na Grande Caverna deve datar, no mínimo, de fins do século XII.

Como demonstrado pelas descobertas posteriores das freiras, essa camada de cinzas é parte de um grande episódio de destruição pelo fogo que afetou toda a área do convento. Embora, ao menos teoricamente, ele pudesse ter sido causado por um incêndio acidental, o contexto mais plausível (haja vista a datação da lamparina) é a destruição de Nazaré em 1187.

3.3 Escavando a superfície

Estimulada pelas explorações subterrâneas, Madre Giraud quis saber o que estava acima da Grande Caverna e deu início às escavações no quintal do convento. O que esperava encontrar não ficou registrado, mas a empreitada mostrou ser uma tarefa ainda mais desafiadora, pois os depósitos arqueológicos de lá chegavam a alcançar mais de cinco metros de profundidade em alguns lugares.

Ao escavar a quase totalidade do quintal, as freiras encontraram as ruínas de um edifício retangular alinhado no sentido leste-oeste, com 17 metros de comprimento, oito de largura e cuja extremidade leste era curva, lembrando a abside de uma igreja.

Próximo ao centro da parede norte do edifício havia três aberturas em arco por meio das quais a água fluía até um túnel subterrâneo revestido de pedra. Esse túnel, ou duto, levava à "Igreja Sinagoga", uma construção medieval ainda de pé no alto de um morro próximo ao convento, na atual área da rua do mercado, e constitui a única evidência de uma fonte de água na Igreja Sinagoga, muito embora esse sítio jamais tenha sido extensivamente escavado.

O evento que se segue viria a desempenhar um papel crucial na história da investigação arqueológica no convento. Victor Guérin, famoso pesquisador bíblico, visitou o sítio em 1888 e sugeriu (como mencionado no capítulo 1) que aquela poderia ser a "Igreja da Nutrição" descrita por um peregrino do século VII num relato chamado *De locis sanctis*. Como não poderia ser diferente, tal informação animou as freiras, que começaram a imaginar o que tinham encontrado.

Reenergizadas, elas começaram a escavar na direção sul, a partir da câmara com abóbada cruzada. O trabalho teve de ser interrompido durante obras de estabilização que preveniram o desabamento da câmara e da Grande Caverna. Suas próximas grandes descobertas ocorreriam no subsolo.

As freiras tinham trabalhado por seis anos para abrir caminho por uma passagem revestida de pedra que ligava a câmara com abóbada cruzada à área mais ao sul (figuras 3.7-3.12). No dia 21 de setembro de 1898 descobriram uma outra câmara do lado oeste: a Chambre Obscure, coberta por uma abóbada e com uma abertura semelhante a uma janela em sua parede sudeste. Foi por meio dessa abertura que as irmãs viram pela primeira vez uma outra, e muito maior, câmara com abóbada de berço, que continha os restos daquilo que elas chamariam posteriormente de "casa".

Eis que, outra vez, o desastre fez-se presente: o teto sobre a "casa" desabou durante uma tempestade, antes mesmo que elas tivessem entrado nela. Procurando por um caminho em meio ao espaço com a abóbada desabada, elas descobriram que o resto da passagem orientada no sentido sul estava bloqueado por uma parede bastante sólida. Mesmo após ultrapassar esse obstáculo, elas precisaram ainda retirar muito solo para prosseguir com a escavação, um trabalho penoso, lento.

À medida que o solo era removido, a primeira coisa que apareceu foi um lance de escadas construído com pedra e argamassa. Mais adiante elas encontraram uma parede muito bem construída.

Trabalhando ao longo dessa parede, elas descobriram que uma outra, ao sul, havia incorporado dois arcos de estilo dos cruzados. As freiras rapidamente desmantelaram o único deles que ainda estava de pé, talvez por receio de que desabasse – a última coisa de que elas precisavam era de um novo colapso.

Elas então começaram a escavar na direção oposta, no sentido leste, e descobriram uma outra escadaria semelhante. Em sua base estavam os restos do que foi descrito como uma rampa. Madre Giraud percebeu ser possível que essa estrutura costumasse conectar as duas escadarias a um nível superior. Após limparem a área imediatamente a sul e a oeste da entrada da passagem que levava ao sul da Chambre Obscure, elas começaram a trabalhar ainda mais a sul.

Nessa área, pavimentos de pedra que cobriam o chão estavam enterrados por uma camada de cinzas, algo que deve tê-las recordado, imediatamente, de algo semelhante que haviam encontrado na Grande Caverna. Essa camada de cinzas terminava junto a uma robusta parede de pedra e argamassa erguida no sentido leste-oeste, a parte mais ocidental que havia suportado a abóbada de berço até o seu desabamento durante a tempestade.

Empregando seu método habitual, elas escavaram ao longo dessa parede oeste-leste, algo que traçaria seu curso e as levaria até a parte oeste da área até recentemente coberta pela abóbada de berço. Ao pé da parede havia uma pilha (falou-se em centenas) de corroídas moedas da época das Cruzadas.

Essa foi a última descoberta de Madre Giraud na área hoje conhecida como Porão. Ela havia encontrado a câmara com abóbada cruzada, a Grande Caverna e suas cisternas adjacentes, a passagem sentido sul, a Chambre Obscure, as escadarias e (embora não tivesse conseguido alcançá-la) a "casa". Tudo isso deve ter excedido em muito suas expectativas quando, 15 anos atrás, embarcara no programa de exploração do sítio.

A nova superiora, Madre Fancy (1855-1927), cujo sobrenome é escrito incorretamente (Fanay) em alguns registros dos arquivos do convento, deu seguimento à escavação em 1900, e quase de imediato uma descoberta extraordinária aconteceu: a própria Madre Fancy estava escavando o local onde uma porção de moedas havia sido descoberta – fica evidente que as superioras do convento tomavam parte no processo de escavação – quando se deparou com um espaço plano, calçado com pesadas lajes de pedra assentadas sobre o chão.

Foram necessários dois trabalhadores para levantar a laje, e abaixo dela havia uma outra, assentada em uma reentrância. Os homens encontraram uma abertura quadrangular sob a segunda pedra e um grande espaço vazio mais abaixo.

Parecendo assustados, eles se recusaram a entrar. Daquele vão subia um cheiro que as freiras acharam parecido com o de incenso, algo que obviamente conheciam da igreja. O perfume perdurou por dias.

A madre superiora era imparável. Ela mandou que duas de suas freiras mais magrinhas colocassem uma escada naquela passagem estreita e descessem por ela. Olhando para a abertura hoje, parece impossível que qualquer ser humano pudesse passar por lá. Acabaram chegando a uma câmara abobadada, talhada na rocha, onde havia algo que as irmãs reconheceram como tendo sido um altar cristão construído com lajes em seu lado sul.

Lamparinas cerâmicas, uma pequena corrente e uma pedra talhada foram encontradas em cima do altar, onde tinham sido colocadas desde a última vez em que tinham sido manuseadas, séculos antes. A ausência de outros itens religiosos, como uma cruz ou um cálice da comunhão, e a corrente abandonada (que deveria estar ligada a algum outro objeto) deu a entender que quem quer que tivesse usado o altar pela última vez abandonara-o às pressas e juntara as coisas afobadamente.

Duas esporas de ferro estavam penduradas na parede, provavelmente como agradecimento pelo livramento de algum perigo. As freiras imaginaram que pertencessem a algum cavaleiro cruzado – e é provável que estivessem corretas. As esporas, o altar e os demais objetos encontrados não deixavam dúvidas: elas haviam encontrado uma capela da época das Cruzadas.

Duas aberturas bloqueadas podiam ser vistas a oeste da capela, e ao retirar as pedras que as obstruíam as freiras entraram em algo que sabiam ser uma tumba judaica escavada na rocha, do tipo usado no período romano. Não foram encontrados restos humanos, mas não há dúvida sobre sua datação ou interpretação.

Já havia existido uma abertura ao sul da câmara principal dessa tumba, mas ela estava bloqueada por pedras. Quando as removeram, as freiras viram-se diante das costas de um disco de pedra do tamanho de uma pedra de mó que bloqueava a passagem.

Não importava o quanto tentassem, elas não conseguiram movê-lo dentro da tumba. Era impossível segurar suas bordas. Madre Fancy decidiu, então, cavar a partir da superfície até ele.

Cerca de sete metros abaixo da superfície, elas chegaram à frente do disco de pedra, e tanto ele quanto a tumba ainda existem até hoje, situados num espaço talhado na rocha com formato aproximadamente regular.

Fora da tumba, no chão, havia muitas tésseras, supostamente caídas da frente da própria tumba, ou de um edifício próximo acima dela. Pela primeira vez em séculos foi possível rolar o disco de pedra para trás e passar pela porta da tumba, baixa e talhada na rocha, em vez de escalar pela abertura no teto da capela adjacente.

As freiras passaram, então, a escavar a superfície do solo em que haviam encontrado a abertura por meio da qual haviam visto, pela primeira vez, a capela com o altar e as esporas penduradas. Seguindo primeiro na direção oeste e depois novamente norte, retiraram os entulhos da abóbada que havia colapsado durante a tempestade. A partir dos registros que deixaram, não está claro se estavam escavando no subterrâneo ou ampliando sua escavação vertical para incluir essa área.

Seja como for, a retirada desse material da abóbada colapsada expôs as paredes de dois cômodos daquilo que depois foi chamado de "casa". Eles tinham pisos em diferentes níveis e eram separados por parede de pedra construída no sentido leste-oeste, edificada no ponto de junção de dois arcos do período das Cruzadas que haviam sido previamente encontrados.

Havia ainda uma outra parede de pedra: mais baixa, em forma de L, no canto noroeste da câmara mais ao norte, uma passagem bloqueada aberta a partir daquele cômodo dentro da Chambre Obs-

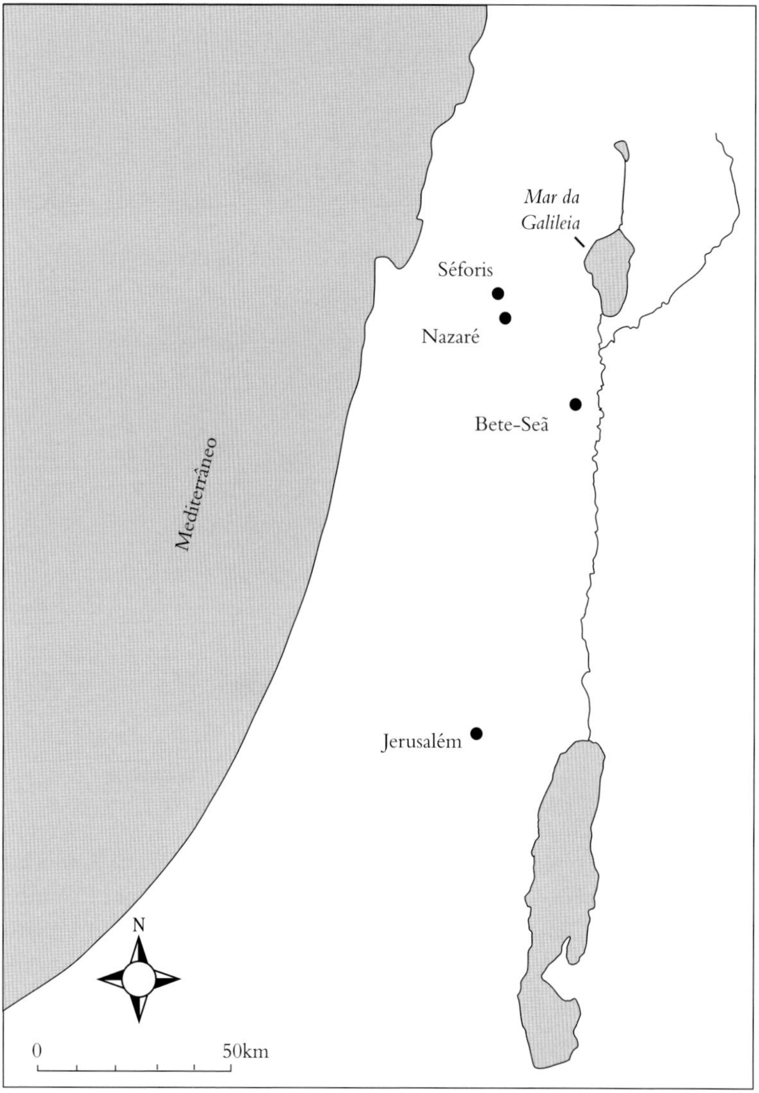

Figura 0.1 Mapa da Terra Santa com indicação dos principais lugares mencionados neste livro. Extraído da obra de Ken Dark (2021).

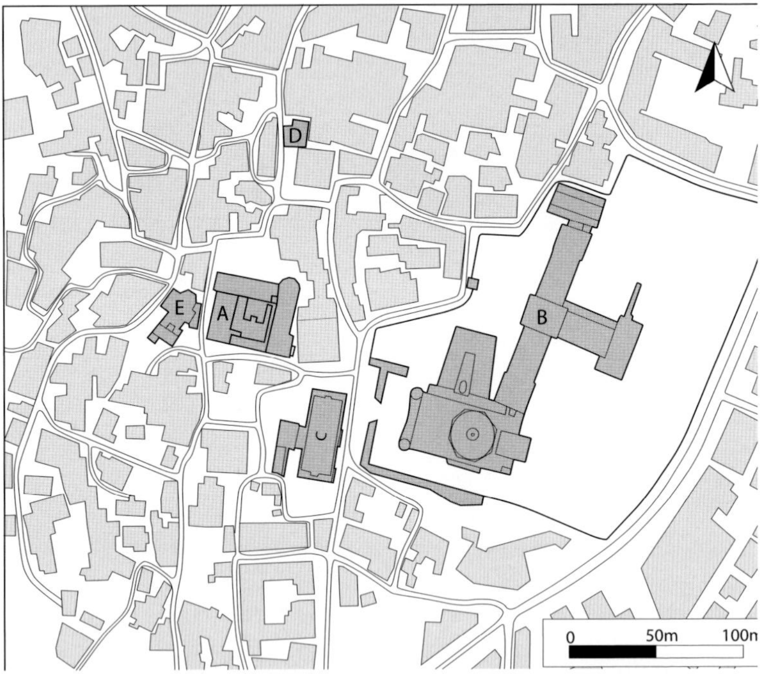

Figura 0.2 Região central da cidade de Nazaré, sendo: A = o Convento das Irmãs de Nazaré; B = o complexo onde se situa a Igreja da Anunciação; C = a hospedaria Casa Nova; D = a Igreja da Sinagoga; E = uma igreja anglicana. Ilustração produzida por Ifan Edwards para o Projeto Arqueológico Nazaré e baseada na representação da cidade de Nazaré que consta no mapa da *Israel National Survey*. Conteúdo extraído da obra de Ken Dark (2021).

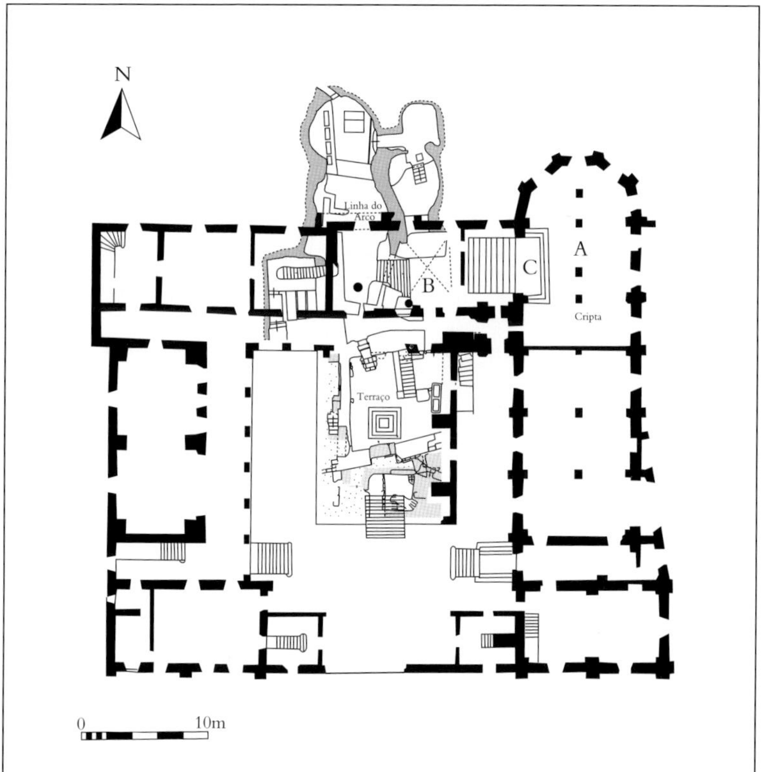

Figura 0.3 Planta do Convento das Irmãs de Nazaré e localização do respectivo "Porão". A = capela; B = museu; C = atual escadaria de acesso ao porão. Ilustração produzida por Ifan Edwards para o Projeto Arqueológico Nazaré. Conteúdo extraído da obra de Ken Dark (2021).

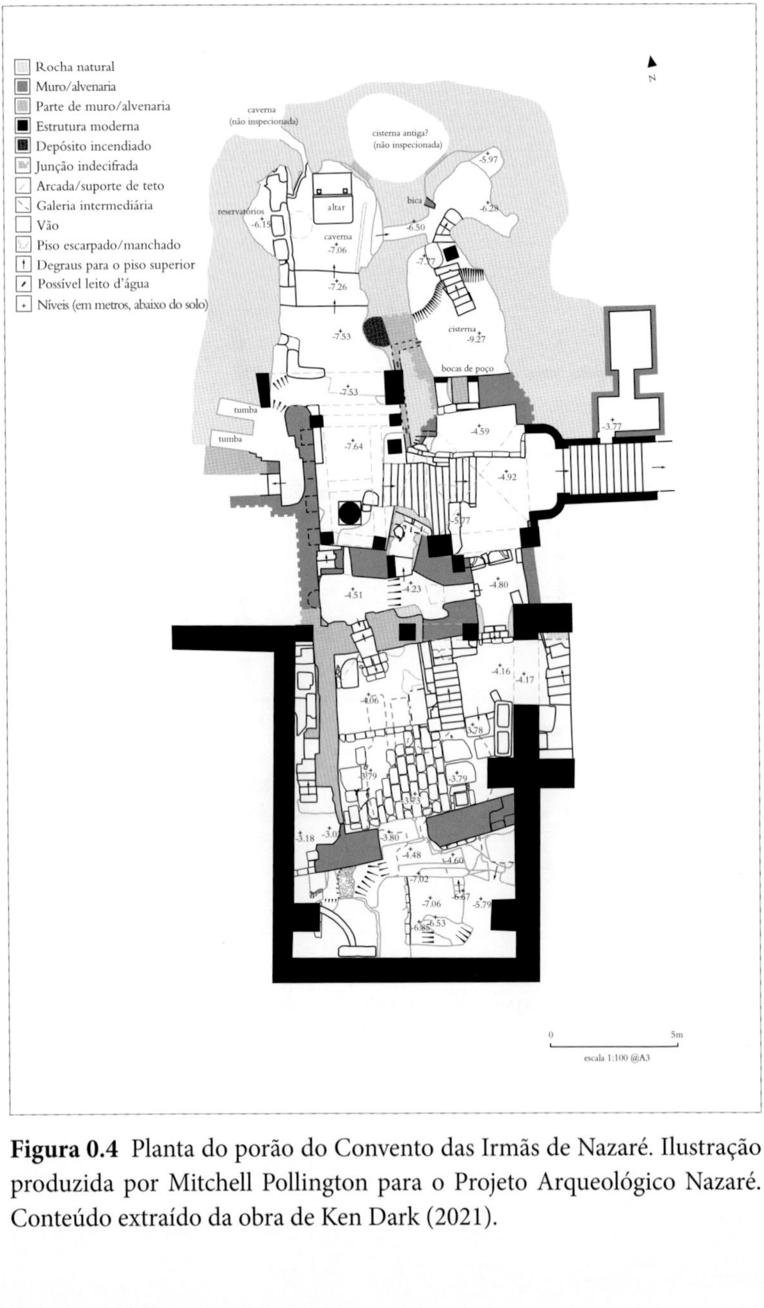

Figura 0.4 Planta do porão do Convento das Irmãs de Nazaré. Ilustração produzida por Mitchell Pollington para o Projeto Arqueológico Nazaré. Conteúdo extraído da obra de Ken Dark (2021).

Figura 1.1 Vale entre Nazaré e Séforis sob perspectiva voltada para o norte. Foto: Ken Dark.

Figura 1.2 Vale entre Nazaré e Séforis sob perspectiva voltada para o leste. Foto: Ken Dark.

Figura 1.3 Pedreira do período romano situada no vale entre Nazaré e Séforis e na qual se veem cortes para extração de blocos. Foto: Ken Dark.

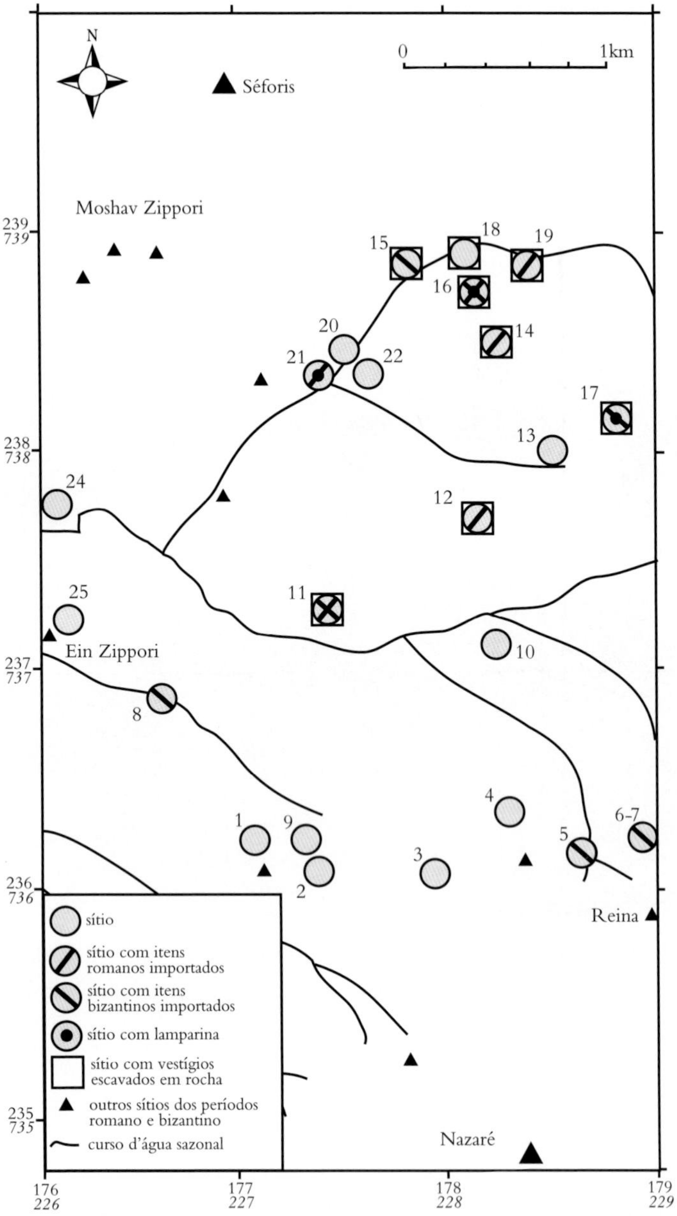

Figura 1.4 Sítios arqueológicos datados dos períodos romano e bizantino e localizados no vale entre Nazaré e Séforis, identificados no levantamento de 2004-2005. Representação extraída de Ken Dark (2020b).

Figura 1.5 Pedreira do período romano situada no vale entre Nazaré e Séforis. Foto: Ken Dark.

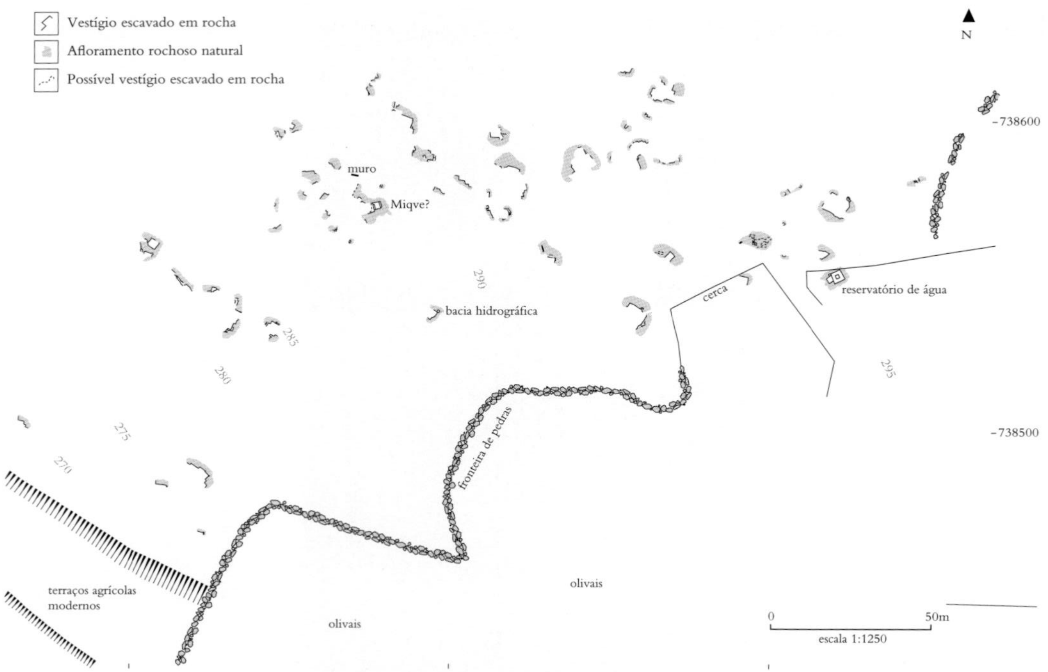

Figura 1.6 Levantamento arqueológico de sítio em pedreira localizada no vale entre Nazaré e Séforis. Representação elaborada por Mitchell Pollington para o Projeto Arqueológico Nazaré, extraída de Ken Dark (2020b).

Figura 1.7 Entrada do Convento das Irmãs de Nazaré vista da rua. Imagem extraída de Ken Dark (2021).

Figura 1.8 Tumba 1. "Tumba judia do primeiro século", que avistei durante minha primeira visita ao convento, em 2005. Foto: Ken Dark.

Figura 1.9 As duas madres superioras do convento à época do trabalho de campo realizado no século XXI: Irmã Margherita (à esquerda) e Irmã Stefania, na varanda do claustro. Foto: Ken Dark, com permissão do Convento das Irmãs de Nazaré.

Figura 1.10 Grande Caverna, a primeira das muitas surpresas de minha visita inicial ao sítio.

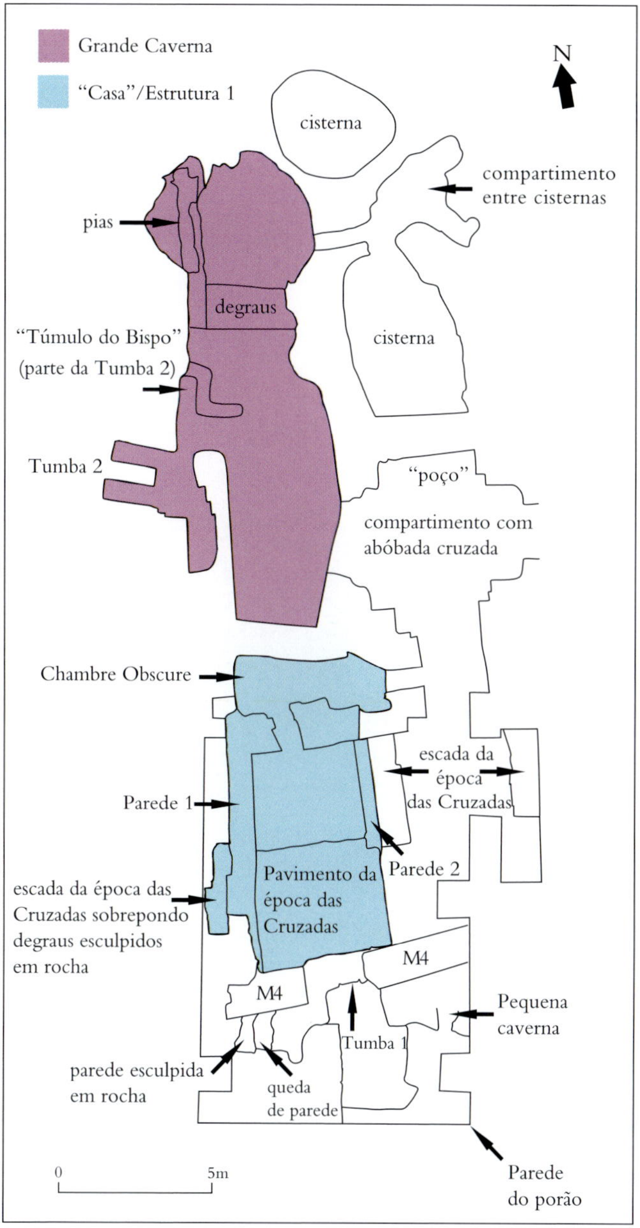

Figura 1.11 Planta esquemática do Porão do sítio arqueológico das Irmãs de Nazaré (créditos de Ken Dark), com elementos frequentemente mencionados neste livro. Nota: este é apenas um diagrama explicativo da localização de tais elementos; para uma planta detalhada do Porão, cf. Figura 0.4.

Figura 1.12 "Casa" – Estrutura 1, no sítio das Irmãs de Nazaré. Perspectiva norte em direção à passagem que dá acesso à Chambre Obscure. Foto: Ken Dark.

Figura 1.13 Museu do Convento em 2005 e durante o estudo do Porão, de 2006 a 2010. Foto: Ken Dark.

Figura 2.1 Reconstrução moderna do Poço de Maria. Imagem obtida em Ken Dark (2020b).

Figura 2.2 A atual Igreja da Anunciação em Nazaré. Representação extraída de Ken Dark (2020b).

Figura 2.3 Uma das cavernas artificiais construídas no século I no sítio da Anunciação. Representação extraída de Ken Dark (2020b).

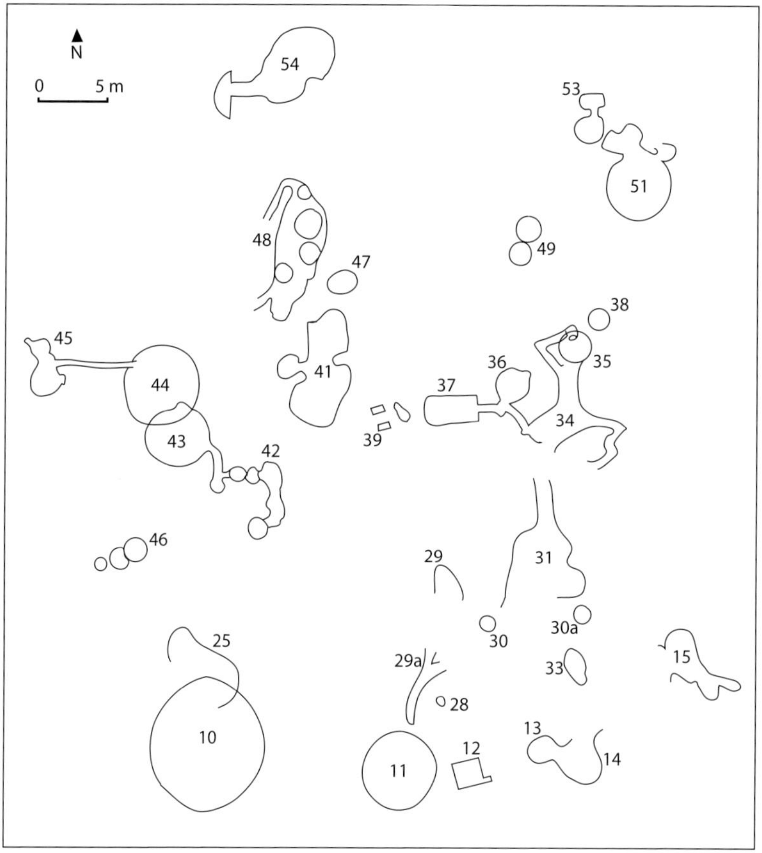

Figura 2.4 Planta analítica esquemática dos espaços certa e provavelmente escavados na rocha durante o primeiro século no sítio da Igreja da Anunciação. O vestígio 31 é a Caverna da Anunciação. Os túneis estreitos, que sugerem o uso como esconderijos durante a Primeira Revolta Judaica dos anos 60 d.C., são claramente visíveis. Algumas das linhas sobrepõem-se por terem sido escavadas em diferentes níveis. Representação extraída de Ken Dark (2020b).

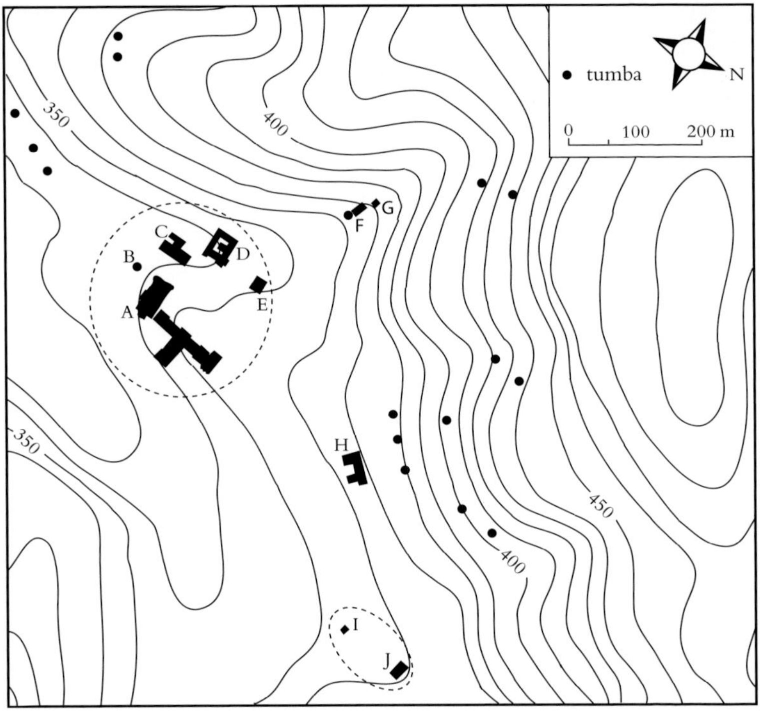

Figura 2.5 Planta mostrando o que se sabe atualmente da Nazaré dos períodos romano e bizantino a partir da arqueologia. Números = contornos indicados em metros. Pontos = tumbas escavadas na rocha. A = sítio da Igreja da Anunciação, com seus edifícios mais importantes em preto. B = tumba escavada na rocha do período romano. C = *hostel* franciscano Casa Nova. D = Convento das Irmãs de Nazaré. Tumbas do período romano localizadas nas proximidades. E = "Igreja Sinagoga". F = Igreja Maronita. G = Mensa Christi (Igreja de Mensa). H = edifício episcopal cristão ortodoxo, com cavernas artificiais não datadas. I = atual Poço de Maria. J = Igreja de São Gabriel (a igreja ortodoxa da Anunciação). Linhas pontilhadas indicam os limites exteriores das áreas nas quais cerâmicas do período romano foram descobertas – provavelmente a extensão mínima do assentamento do período romano. O uádi corria no sentido nordeste-noroeste, ao norte da Igreja da Anunciação, abaixo do *hostel* Casa Nova e na direção do Poço de Maria. Representação extraída de Ken Dark (2020b).

Figura 3.1 A câmara com abóbada cruzada vista do sul. Foto: Ken Dark

Figura 3.2 O "Túmulo do Bispo", os restos reduzidos da Tumba 2, no qual as freiras encontraram o esqueleto que incorretamente identificaram como o de um bispo por causa do anel em seu dedo. Foto: Ken Dark.

Figura 3.3 O "poço de luz" na Grande Caverna, formado possivelmente pela abertura de uma cisterna do período romano. Foto: Ken Dark.

Figura 3.4 Lóculo do período romano onde se encontrava a Tumba 2, deliberadamente conservado e decorado com mosaico na caverna-igreja posterior. Foto: Ken Dark.

Figura 3.5 A lamparina da época das Cruzadas, de fins do século XII ou início do XIII, encontrada pelas freiras do século XIX num depósito de cinzas que preenchia a Grande Caverna. O objeto oferece datação crucial para sugerir que as cinzas provêm do incêndio deliberado da igreja promovido pelos cruzados em 1187. Foto: Ken Dark.

Figura 3.6 O portal escavado na rocha que leva da Grande Caverna às cisternas e à câmara do lado leste. Foto: Ken Dark.

Figura 3.7 O "poço" na câmara com abóbada cruzada, na verdade um lugar para buscar água de uma grande e profunda cisterna do outro lado da parede. Foto: Ken Dark.

Figura 3.8 A passagem sentido sul da câmara com abóbada cruzada. Quando as freiras encontraram-na pela primeira vez, a entrada dessa câmara para a passagem havia sido deliberadamente obstruída, sugerindo que os cruzados desejavam esconder algo no lado sul durante o cerco de 1187. Foto: Ken Dark.

Figura 3.9 O lado sul do atual Porão. É a área descoberta pelas freiras quando desobstruíam a passagem sentido sul da câmara com abóbada cruzada. A imensa parede medieval, M4, está a meia distância, com as modernas paredes do Porão mais atrás. À esquerda, logo à frente da parede M4, está a grade por meio da qual as freiras chegaram, pela primeira vez, à Capela dos Cruzados junto à Tumba 1. Foto: Ken Dark.

Figura 3.10 A Capela dos Cruzados, próxima à Tumba 1. Quando as freiras entraram nela pela primeira vez, encontraram esporas de cavaleiros medievais em suas paredes, junto a indícios de que havia sido abandonada às pressas – em tese imediatamente antes que as entradas para a tumba e a passagem sentido sul da câmara com abóbada cruzada fossem obstruídas. Foto: Ken Dark.

Figura 3.11 Lóculo do período romano na Tumba 1. Diferentemente da Tumba 2, nenhum objeto proveniente daquele período foi encontrado. Será que já tinham sido levados como relíquias religiosas durante os períodos bizantino ou cruzado? Ou a tumba nem sequer chegou a ser utilizada? Foto: Ken Dark.

Figura 3.12 Vista geral da parte sul da Estrutura 1 ("casa"), com suas paredes, os restos da grande abóbada medieval que a cobria (a escala, da esquerda para o centro, foi posicionada para mostrar a linha da abóbada) e o pesado piso medieval do lado sul. As modernas paredes do Porão podem ser vistas ao fundo. Foi essa a abóbada que desabou por causa da chuva depois das irmãs terem visto a Estrutura 1 pela primeira vez. Foto: Ken Dark.

Figura 4.1 Fotografia anônima de Henri Senès, do arquivo do Convento das Irmãs de Nazaré (reproduzida sob sua permissão). Representação extraída de Ken Dark (2020b).

Figura 4.2. A Chambre Obscure, e nela o nicho bizantino bloqueado em sua parede oeste. A primeira escavação de Henri Senès no Porão ocorreu nesta câmara. A obstrução no nicho é moderna. Foto: Ken Dark.

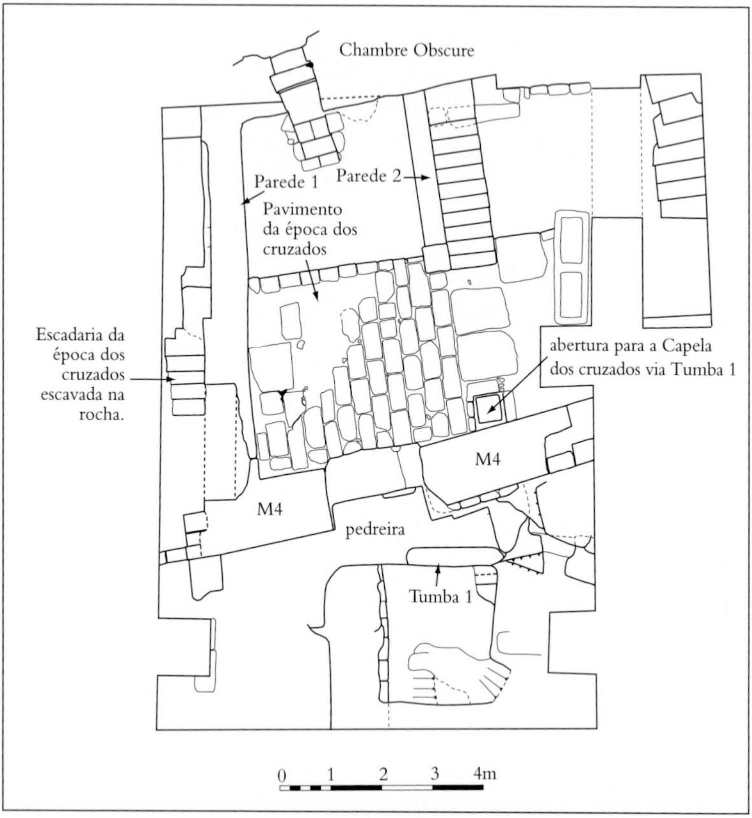

Figura 4.3 Planta simplificada da parte sul do Porão (*copyright* de Ken Dark) baseada nos desenhos *in situ* de Ifan Edwards e no plano para o projeto arqueológico de Nazaré de Mitchell Pollington. Uma planta detalhada da área interna do Porão é reproduzida na Figura 0.4.

Figura 4.4 A escavação de Senès exposta durante a restauração do piso do Porão dentro da Estrutura 1 em 2010. Estão visíveis o pedestal de concreto a leste da imagem, o pavimento reposto a sul e o piso de concreto. Os grandes blocos adjacentes à escala podem ser traços de uma muralha (provavelmente da época dos cruzados) que costumava dividir a Estrutura 1. O padrão das pedras na superfície, embora pareça um interessante elemento interno, é provavelmente um preenchimento do século XX, nada mais, portanto, do que uma configuração casual. Foto: Ken Dark.

Figura 5.1 Mitchell Pollington utilizando a Estação Total para analisar o Porão no sítio das Irmãs de Nazaré. Foto: Ken Dark, com a permissão de Mitchell Pollington.

Figura 5.2 Ifan Edwards desenhando uma seção entre a parede M4 durante a temporada 2006-2010 da pesquisa do Porão. Foto: Ken Dark, com a permissão de Ifan Edwards.

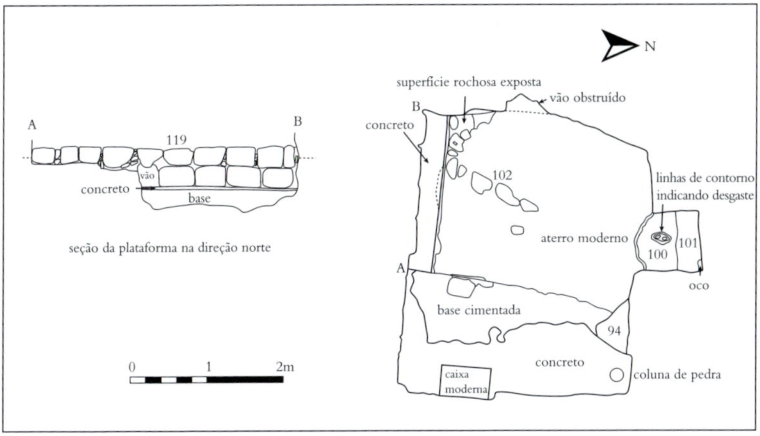

Figura 5.3 Planta da área interior da Estrutura 1 e um corte mostrando a face norte do pavimento. Desenho de Ifan Edwards para o Projeto Arqueológico de Nazaré. Extraído da obra de Ken Dark (2021).

Figura 5.4 O piso da Estrutura 1 visto do sul, com a passagem para a Chambre Obscure ao fundo. Esta figura e a 5.5 mostram algumas pedras soltas, encontradas no aterro moderno e omitidas da Figura 5.3. Foto: Ken Dark.

Figura 5.5 O piso da Estrutura 1 visto do norte, a partir da passagem para a Chambre Obscure. Foto: Ken Dark.

Figura 5.6 A Estrutura 1 vista a partir do sudeste. Foto: Ken Dark.

Figura 5.7 Fusiola do período romano encontrada na Estrutura 1. Para uma reconstituição de como esses objetos eram utilizados, cf. Figura 6.5. Extraído da obra de Ken Dark (2021).

Figura 5.8 A Pequena Caverna, elemento de datação e função desconhecidas. Foto: Ken Dark.

Figura 5.9 A parede talhada na rocha, e sua "parede tombada" adjacente, logo ao sul da Estrutura 1, e originalmente parte dela. A escala está próxima ao limite entre a parede talhada na rocha e a parede tombada. Foto: Ken Dark.

Figura 5.10 A Parede 2, vista a partir do oeste. Foto: Ken Dark.

Figura 5.11 A escadaria da época dos cruzados, parcialmente sobreposta à escada talhada na rocha da Estrutura 1. Extraído da obra de Ken Dark (2021).

Figura 6.1 Um dos achados mais antigos do sítio das Irmãs de Nazaré – um frasco de vidro para perfumes. Extraído da obra de Ken Dark (2020b).

Figura 6.2 Uma casa, possivelmente semelhante à encontrada no sítio das Irmãs de Nazaré, reconstruída na Nazareth Village. Foto: Ken Dark, reproduzida sob permissão da Nazareth Village.

Figura 6.3 Detalhe da casa reconstruída apresentada na Figura 6.2, que mostra o uso da parede de pedra talhada em sua construção. Foto: Ken Dark, reproduzida sob permissão da Nazareth Village.

Figura 6.4 Interior da casa reconstruída apresentada na Figura 6.2. Foto: Ken Dark, reproduzida sob permissão da Nazareth Village.

Figura 6.5 Reconstrução de uma mulher do século I fiando lã na Nazareth Village. Foto: Ken Dark, reproduzida sob permissão da Nazareth Village.

cure. É impossível que as freiras não tenham notado como havia tantas entradas deliberadamente bloqueadas nessa parte específica do sítio (ambos os portais a sul da Chambre Obscure e as entradas para a tumba), um indício de que alguém desejava esconder algo – as câmaras recém-encontradas e a própria tumba, inclusive.

Boa parte da estrutura dos dois cômodos encontrada pelas freiras sobrevive até hoje, mas houve alterações significativas. A parede no sentido leste-oeste, que os dividia, era feita de pequenas pedras e foi desfeita por completo pela escavação. O cômodo ao norte tinha um piso mais baixo, cujos últimos vestígios foram destruídos em 1964. O outro, mais ao sul, era uma plataforma solidamente calçada, mas esse piso passou por uma remoção parcial em 1900, quando se construiu um edifício com fundações entre quatro e sete metros de profundidade para proteger essa parte do sítio.

O restante do piso foi elevado e reassentado cerca de 15 centímetros mais alto, acentuando a diferença de altura entre ele e o outro imediatamente ao norte. Como se vê, nos dias de hoje trecho algum do piso descoberto pelas freiras permanece intacto e no mesmo lugar.

Outros danos foram causados a essa parte do sítio em 1900. Na atualidade, um corte largo em uma grande parede de pedra e argamassa (posteriormente chamada de M4), que segue ao longo do sul da estrutura, dá a impressão de serem dois trechos separados por uma entrada. Na verdade, a M4 era uma barreira contínua, orientada no sentido leste-oeste dessa parte do Porão, mas que foi dividida pela escavação das freiras.

Enquanto isso, estruturas de cantaria pré-modernas começaram a ser encontradas em todos os lados oeste e sul no bloco de terra no qual se situa hoje o atual convento, até mesmo sob as ruas que o ladeiam.

Em 1889, as freiras haviam decidido construir, a sudeste do convento, uma sala de aula abobadada para sua escola. A obra foi atrasada por problemas relacionados à obtenção das permissões oficiais, e só quando esses percalços burocráticos foram superados, em 1891, a construção pôde enfim começar.

Quase que imediatamente, o mestre de obras chamado Senhor Salim identificou antigas colunas, um capitel e outros exemplares de pedra talhada em uma das trincheiras cavadas junto à rua que seguia desde a porta de entrada do convento. Inspeções posteriores revelaram uma laje retangular, que as freiras pensaram ser o topo de um altar. Em seguida, outro capitel e paredes foram descobertos na mesma trincheira. Pareciam os restos de um edifício, e, se as irmãs estivessem corretas sobre a pedra do altar, poderia ser até uma antiga igreja.

Mais para oeste, em uma trincheira com três ou quatro metros de profundidade, foi encontrado o que as irmãs consideraram ser o lado externo de um portal; a sudeste, algo que parecia ser um outro portal, mais baixo, entre três e quatro metros. Mais uma vez, essas estruturas lembravam um pouco a fachada do convento voltada para a rua.

Em 1891 Madre Giraud ainda era a superiora e mandou abrir um túnel de seis metros de comprimento para chegar até esses portais a partir do próprio convento. Durante trabalhos meus realizados com colegas já no século XXI, entrei nesse túnel, muito escuro e fora de uso. Desci até ele por uma entrada vertical, revestida de pedra, segurando tochas feitas de rolos de papel em chamas, úteis tanto para iluminar quanto para espantar ratos e outros animais. Vasculhado todo o comprimento do túnel, não encontramos nenhum vestígio arqueológico – tampouco qualquer exemplar da fauna silvestre.

Outras escavações ocorreram em 1892, mais uma vez sob a direção de Madre Giraud. A primeira junto à esquina da rua norte-sul, próxima à Igreja de Cristo, anglicana, no fim da pequena rua que passa defronte ao convento até os dias de hoje.

Essa construção, um vestígio notável da presença britânica em Nazaré, tem a aparência, tanto externa quanto interna, de uma igreja paroquial inglesa. Permanece bastante ativa e representa um importante centro para a pequena, mas vigorosa, comunidade anglicana da cidade. A escavação encontrou uma parede pequena, mas sólida, que mais tarde foi seguida na direção norte. Outras partes dessa edificação foram encontradas mais ao norte, durante obras públicas realizadas na rua em 1941.

A segunda escavação, em 1892, foi efetuada do lado de fora do salão do convento. Descobriu-se um arco imponente, mas nenhuma informação a respeito dele sobreviveu. Escavações posteriores a oeste do convento foram executadas três anos depois, quando então uma série de cisternas foi encontrada sob o que é hoje o lado oeste do sítio do convento. Esses reservatórios parecem ter estado associados a um grupo de câmaras mais ou menos retangulares, próximo ao leste da atual rua norte-sul.

Os arcos talhados e as paredes em pedra com argamassa descobertos indicavam às freiras que teriam pertencido a edifícios bizantinos ou medievais. Nada apontava para datas mais recuadas. Mas, se fossem bizantinas ou medievais, o simples fato de estarem presentes à volta do perímetro do convento já era, em si, uma surpresa, pois não se tinha conhecimento de nada desses períodos que ainda existisse por lá.

E ainda assim, as descobertas mais espetaculares advindas das escavações superficiais empreendidas pelas freiras ocorreram dentro do próprio convento. Durante obras de construção a leste do edifício, os trabalhadores viram-se diante de três arcos curvos que formavam semicírculos ou absides (chamados pelas freiras A1, A2 e A3). Todos foram construídos com blocos de calcário bem cortados com cerca de um metro de largura, 60 centímetros de comprimento e 30 de altura. Quando expostos pela primeira vez, foram registrados em duas plantas (uma de 1900 e a outra de 1913) com medidas desenhadas, possivelmente, pelo arquiteto envolvido na construção da atual igreja conventual.

Nenhuma das três absides sobreviveu com menos de três fieiras de altura, e, na superfície interna de pelo menos uma delas (A1), havia vestígios de mosaicos. Um desenhista anônimo, supõe-se que baseado em uma fotografia perdida, retratou-os ainda mais altos, muito embora ele pareça ter registrado mais uma reconstrução parcial (provavelmente mostrada na imagem original) do que o estado em que as absides tinham sido encontradas.

A estrutura que incorporou as absides deve ter sido erguida sobre um sólido terraço artificial, visto que os contornos naturais do leito rochoso são bastante íngremes. É muito provável que as costas escarpadas do uádi (rio sazonal) que correm Nazaré adentro expliquem essa queda brusca da camada rochosa subjacente. Que se tenha conseguido edificar tamanha construção em local tão difícil é indicativo de que deve ter havido motivação notavelmente imperiosa para sua execução.

As freiras sabiam que as absides podiam significar que o edifício fosse uma igreja. Elas devem ter se perguntado se aquela seria a "grande igreja" de que se falava quando o terreno do convento fora comprado.

Quando a construção da igreja do convento começou, em outubro de 1912, mais evidências de edifícios anteriores apareceram. Uma coluna ainda em sua base, uma cornija de mármore com folhas de acanto talhadas, uma pequena abóbada e moedas de bronze foram encontradas na área da atual escadaria que desce até o Porão do lado de fora do convento, colocando, assim, as elaboradas estruturas construídas para a superfície lado a lado aos componentes subterrâneos do sítio, como a Grande Caverna.

Então, a quatro metros de profundidade, as freiras encontraram uma camada de solo vermelho, provavelmente argila calcinada (que com frequência assume essa coloração quando submetida à queima), e cinzas contendo o que identificaram como linho queimado.

Em seguida, descobriram fundações feitas com blocos sólidos de pedra e argamassa destinadas a suportar um edifício (chamadas *piers* por arquitetos e arqueólogos, P6 e P8). Junto a elas, estavam elementos caídos de um arco que aqueles mesmos *piers* haviam suportado, um recipiente queimado de mármore e a base de uma coluna. Os *piers* haviam sido talhados em uma camada que continha ossos humanos, talvez um cemitério preexistente.

Quando o campanário para a nova igreja estava sendo construído, logo a leste dali, em março de 1913, novos achados incluíram os restos possíveis de um sarcófago, tésseras e pedaços de mármore, alguns dos quais claramente pertencentes a um edifício elaborado. À medida que o trabalho avançava na direção oeste, outra base de coluna e outro recipiente de mármore decorado com cachos de uvas foram encontrados, além de uma pequena coluna decorada com folhas de acanto e uma cruzeta entalhadas.

O estilo de todo esse trabalho em pedra era bizantino e medieval. E, claro, essa datação pareceu às freiras similar à das descobertas da Grande Caverna. A coluna decorada com a cruzeta também parecia confirmar a interpretação de que se tratava de um edifício cristão.

Do outro lado do convento ocorreram mais descobertas em 1913, entre as quais paredes duplas preenchidas com pedregulhos, uma pequena abóbada de berço, uma coluna em sua base e um outro fragmento arquitetônico esculpido. Uma camada contendo cinzas, ossos humanos e o que as irmãs identificaram como "panos de linho" foram descobertos a quatro metros de profundidade. Era, claro, similar à camada calcinada que já haviam encontrado, e uma vez mais estava associada a uma camada de coloração vermelho-escura, que as freiras pensaram ser sangue ressecado, mas que muito provavelmente deveria ser argila calcinada.

Diz-se que o mesmo depósito foi encontrado cinco metros mais ao sul da área externa aos degraus, que hoje leva ao sul da igreja do convento, além de muitas tésseras. Essa combinação de cinzas e mosaicos foi achada em cada um dos locais selecionados para as pilastras do novo claustro do convento.

Juntando tudo isso, e conforme a percepção das freiras, parecia ser impossível não haver um ou mais edifícios construídos em pedra, decorados com mosaicos multicoloridos, sustentados por colunas com capitéis talhados e que tinham sido destruídos pelo fogo. Novamente, a julgar pelo estilo do talhamento, o(s) edifício(s) continha(m) elementos tanto bizantinos quanto medievais.

Sob o lado leste do sítio, o leito rochoso estava entre 9,5 e 10,5 metros abaixo do nível do solo no século XX, algo que pode ser explicado pelo fato de o edifício estar situado no sólido terraço artificial que, como vimos, teria sido necessário para estabilizar o terreno dessa localidade, possibilitando, assim, a construção de um grande edifício.

Mais evidências desse terraço surgiram em uma nova descoberta realizada pelas freiras. Em 1913, elas encontraram uma grossa parede alinhada no sentido norte-sul, numa área posteriormente utilizada para o coro da igreja conventual. No lugar onde hoje se encontra a parede oeste do convento havia uma outra, bastante robusta, indicativa de uma plataforma mais ou menos retangular que suportava o edifício representado por absides, colunas, capitéis, abóbadas e paredes de pedra e argamassa.

Tudo isso sugere que o edifício bizantino e medieval evidenciado por esses achados tinha quase o mesmo tamanho que o atual convento como um todo – algo que, claro, faria dele uma enorme construção.

Mas que tipo de edifício era esse? Como as freiras perceberam, as absides e alguns exemplos de elementos arquitetônicos em pedra trabalhada insinuam uma resposta: diversas absides orientais, no contexto da arquitetura bizantina, estão fortemente associadas a igrejas, inclusive aquelas encontradas na Terra Santa. O uso de mosaicos, mármore importado e decoração em pedra esculpida geralmente dão suporte a essa interpretação, como também o faria a presença de um cemitério.

Trabalhando a partir dessas evidências, as irmãs reconheceram ter encontrado uma grande igreja bizantina e medieval, um edifício que, tal e qual a Grande Caverna, fora utilizado durante o período medieval e posteriormente destruído por um incêndio. Reunidas, as evidências descobertas pelas freiras narravam uma história consistente e cativante.

Seria normal considerar que as freiras e suas descobertas seriam celebradas pelos arqueólogos, ou que pelo menos Madre Giraud e sua sucessora fossem consideradas arqueólogas de renome. Infelizmente, o convento viu-se às voltas com uma série de situações que, naquele tempo, afetaram de forma injusta sua reputação.

Quando Madre Giraud publicou um esboço do que as freiras tinham encontrado numa revista acadêmica chamada *Revue Illustrée de la Terre Sainte et de l'Orient Chrétien*, as reações ficaram muito abaixo do entusiasmo. Seja porque fossem estranhas à escola franciscana de arqueologia bíblica, por serem freiras, seja porque tinham "envergonhado" os arqueólogos bíblicos contemporâneos, quase que imediatamente passaram a ser atacadas pelos acadêmicos.

As críticas ao seu trabalho e às suas interpretações começaram a ser publicadas, e entre as décadas de 1890 e 1900 parecia que elas não receberiam qualquer chancela acadêmica. Por volta do início da Primeira Guerra Mundial, em 1914, apesar de sua descoberta recente do que era claramente uma grande igreja bizantina e medieval em plena Nazaré, as irmãs eram ignoradas ou ridicularizadas, e a interpretação que propunham para o sítio era tratada como uma fantasia.

Mas o pior ainda estava por vir. Durante a Primeira Guerra Mundial, os prédios do convento foram tomados por tropas turcas e as irmãs foram forçadas a sair. Quando retornaram, elas descobriram que os elementos arqueológicos já expostos haviam sido tratados com desrespeito, e seu museu, saqueado. Mesmo alguns artefatos particularmente preciosos, entregues em confiança a famílias locais para que fossem mantidos a salvo durante a ocupação, jamais retornaram.

Nenhum trabalho arqueológico foi realizado no convento entre o fim da Primeira Guerra e a década de 1930, muito embora um novo e melhorado abrigo para as partes subterrâneas do sítio – o atual Porão – tenha sido construído em 1929. É possível que os eventos ocorridos durante a guerra tenham instado as freiras a tomar ainda mais cuidado com as ruínas situadas em suas terras.

Outras figuras também voltaram sua atenção para o sítio, mas por razões mais nefastas. As notícias da existência de moedas de ouro e demais objetos valiosos no convento obviamente atiçaram a cobiça de pessoas com propósitos menos nobres do que os das freiras.

Em fins dos anos de 1930, dois homens chegaram ao convento dizendo-se clérigos belgas em visita a Nazaré e interessados em arqueologia. Um deles, Alphonse Duhot, afirmava ser um padre católico, enquanto o outro apresentou-se como nada menos que um abade, Abbé Benoit. Eles receberam autorização para escavar dentro da Capela dos Cruzados, próximo à tumba mais ao sul do Porão.

Tudo o que se sabe da exploração deles é que escavaram cinco metros para baixo e só encontraram o leito calcário natural. O resultado dessa empreitada foi um enorme buraco que havia removido inteiramente o altar medieval e precisou ser preenchido com terra trazida de outros lugares. Depois de terem tampado o buraco, as freiras produziram uma cópia do antigo altar com base na memória e em uma fotografia velha.

Não se sabe o que esses homens procuravam. Talvez um tesouro enterrado, pois, ao deixar Nazaré em direção a Roma, Duhot levou consigo cerca de 40 das "mais belas" moedas do museu do convento, incluindo um grande medalhão.

As freiras souberam que Duhot morrera pouco depois de chegar à Itália, mas as desconfianças cresceram quando a madre superiora escreveu às autoridades católicas em Roma relatando o incidente. A resposta que receberam foi chocante: a Igreja não tinha quaisquer registros de Alphonse Duhot!

Houve outros personagens duvidosos que também cobiçaram as moedas do sítio. Uma grande coleção de moedas da época das Cruzadas havia sido encontrada durante as primeiras escavações e mantida em segurança no museu do convento. Em 1931, um grupo de supostos seminaristas católicos italianos ofereceu-se para limpá-las.

Para realizar o trabalho, disseram, precisavam levá-las para Roma e as limpariam segundo seu método favorito: fritar as moedas antigas em azeite de oliva, um procedimento no mínimo inusitado, após o qual elas seriam devolvidas. Não é preciso dizer que as freiras jamais viram suas moedas novamente.

Não sabemos se os bandidos eram seminaristas de verdade, mas a semelhança com o outro roubo é notável. Ambos envolveram moedas sendo levadas por homens que talvez estivessem se passando por clérigos católicos e que diziam retornar a Roma após a visita a Nazaré. É, porém, impossível descobrir se esses dois incidentes estiveram relacionados.

De modo simples, no início da década de 1930 pessoas inescrupulosas estavam tentando enganar as freiras e levar o patrimônio arqueológico do convento. Nos anos que se seguiram, a generosidade e a natureza crédula delas permitiu que muitos objetos fossem roubados ou doados. Por ironia, parece que os presentes mais apreciados eram justamente os objetos que as freiras datavam do primeiro século d.C. ou que tinham algum significado cristão.

Foi somente em 1935 que as freiras retornaram às escavações. As razões que guiaram a escolha desses momento e lugar específicos para recomeçar o trabalho não estão claras. Talvez recompor o dilapidado acervo do museu. Seja como for, elas escavaram uma área de dois metros por quatro junto ao norte da parede à qual chamaram

M4, onde encontraram terra amarronzada contendo muitos ossos humanos, mas aparentemente nada mais que isso.

No ano seguinte, Madre Hélène, a nova superiora do convento, publicou sua *Histoire des découvertes faite chez les Dames de Nazareth à Nazareth* [História das descobertas realizadas pelas Damas de Nazaré em Nazaré], motivando uma reação acadêmica tão potente, que reverberou pelos próximos 80 anos. Mesmo quando comecei a trabalhar no convento, em 2006, ainda era possível encontrar vestígios desse rechaço, tanto em Nazaré quanto em outras partes.

Em 1937, o artigo de um padre franciscano fez críticas ferozes ao entendimento das freiras sobre aquilo que haviam encontrado. Publicado numa obscura revista acadêmica franciscana, esse texto poderia não ter tido efeito mais amplo do que o da maioria das críticas que elas enfrentavam há décadas. Infelizmente para elas, porém, o jovem religioso que o escrevera chamava-se Bellarmino Bagatti, que no futuro exerceria o papel preponderante no estudo arqueológico de Nazaré que já vimos no capítulo 2.

Bagatti elaborou uma nova planta a partir do que ele pôde ver no Porão. Esse trabalho estava altamente incorreto, mas a planta e o corte transversal da tumba mais preservada que o acompanharam são, de forma surpreendente, muito mais bem desenhados e precisos. É difícil encontrar a razão para tal discrepância entre desenhos feitos por uma mesma pessoa em tão curto espaço de tempo. Talvez com o material de que dispunha ele tenha conseguido iluminar melhor a tumba do que a área do Porão como um todo, que não contaria com iluminação artificial até 1951. Ou ainda é possível que tenha simplesmente atribuído maior importância à tumba do que ao resto do sítio.

Qualquer que tenha sido o motivo da discrepância, Bagatti ignorou completamente os objetos portáteis; as paredes expostas pela construção ou nas escavações fora da área delimitada pelo

Porão; e os registros das escavações anteriores. E ainda assim acreditou ter um registro mais acurado daquilo que existia no Porão do que qualquer outro pesquisador que o precedera. Em seu artigo de 1936 utilizou seus registros para formular uma nova interpretação daqueles vestígios. Seriam todos, afirmou, enterramentos do período romano ou partes de um edifício da época das Cruzadas, sem qualquer relação com a vida religiosa.

Inicialmente apoiadas pelo *establishment* franciscano e, depois, propagadas pela sua fama subsequente, as ideias de Bagatti eclipsaram as das freiras. Em retrospecto, foi uma tragédia arqueológica. É difícil entender como ele conseguiria prevalecer não fossem o apoio inicial e a fama que granjeou, mas, seja como for, foram as suas ideias que se tornaram a interpretação aceita, e o trabalho arqueológico das freiras chegou ao fim. Além disso, tudo o que haviam descoberto passou a ser tratado como fantasia de mentes extravagantes.

Isso poderia ter significado o fim dos estudos no sítio das Irmãs de Nazaré durante o século XX, mas, mesmo no âmago do *establishment* da "arqueologia bíblica" católica, havia aqueles que discordavam de Bagatti. Um homem decidiu demonstrar a verdadeira importância das freiras: seu nome era Henri Senès, e descobrir a verdade sobre o sítio tornou-se a missão de sua vida. E esse será o tema do próximo capítulo.

4
Explorando a Venerável Casa

4.1 Henri Senès e sua missão de vida

Henri Senès nasceu em 1897 em Marselha, no litoral mediterrânico francês (cf. Figura 4.1). Após se formar arquiteto e trabalhar no ramo, optou por entrar na Companhia de Jesus em 1925, ordenando-se padre em 1933.

O estabelecimento do Pontifício Instituto Bíblico (PBI) de Jerusalém em 1927, com o jesuíta francês Alexis Mallon como seu diretor, exerceu um profundo impacto na carreira de Senès. Embora fosse um linguista por formação, Mallon interessou-se pelas possibilidades da arqueologia no estudo bíblico, em especial do Antigo Testamento.

Ele próprio escavou um famoso sítio pré-histórico, Teleilat el-Ghassul (frequentemente referido apenas como Ghassul), na Terra Santa, entre 1929 e sua morte, em 1934. Codirigiu as escavações com um colega jesuíta, Robert Koeppel, e o historiador francês René Neuville, com quem dirigiu também explorações arqueológicas na área em volta do Mar Morto. Após a sua morte, em 1934, Koeppel deu continuidade ao trabalho em Ghassul, de 1936 a 1938.

Em 1935, Senès foi enviado por Augustin Bea, então chefe-geral do PBI (cuja parte mais significativa estava baseada em Roma) para assistir às escavações de Ghassul. Seus talentos como pesquisador e desenhista, combinados à sua formação como arquiteto, foram aparentemente consideradas qualificações suficientes para esse cargo.

Embora devesse permanecer em Jerusalém por meros três meses, Senès acabou passando o resto da vida por lá, no instituto, exceto por uma breve visita à Europa em 1950. Um breve obituário escrito por um colega jesuíta, Leopold Sabourin, afirma que ele era uma das figuras mais populares e conhecidas do PBI. E um detalhe pessoal que Sabourin também registrou: foi naquela ida à Europa que Senès assistiu a televisão pela primeira vez!

Henri Senès era, claramente, uma figura relevante do time quando da retomada da escavação em Ghassul, talvez graças aos seus talentos como pesquisador e desenhista. Ele continuou trabalhando por lá após a Segunda Guerra Mundial, agora sob a direção de Robert North, um outro jesuíta a serviço do PBI.

Seu envolvimento com Ghassul durante a década de 1950 parece ter sido mais problemático do que nos primeiros anos, pois Senès entrou em conflito com a nova direção. É difícil determinar a origem dessa discordância, mas é importante observar que ele estava trabalhando por lá quando do seu envolvimento com a arqueologia de Nazaré.

Seja como for, parece que Ghassul foi (o trabalho em Nazaré à parte) sua maior experiência com escavações arqueológicas, mas nada naquele primeiro sítio aproxima-se da datação do material encontrado no sítio das Irmãs de Nazaré. Como consequência, sua familiaridade com a cerâmica, os vidros e demais artefatos relevantes deve ter sido um tanto limitada. Além disso, o contexto intelectual de todo esse trabalho de campo era marcado pela agenda teologicamente orientada do PBI, mesmo que ele não se colocasse entre os apoiadores da hipótese Bagatti-Testa e sua dominante interpretação "judaico-cristã".

Senès começou a trabalhar no convento após a morte de Mallon. Seu interesse pode ter sido despertado pelo contraste entre o livro de Madre Hélène, *Histoire des découvertes faite chez les Dames de Nazareth à Nazareth*, e a refutação de Bellarmino Bagatti, publicada no mesmo ano. Qualquer um que visitasse o convento com a mente mais aberta à sua arqueologia ficaria cético com relação às conclusões de Bagatti.

Da mesma forma, não seria de se estranhar que um pesquisador e desenhista como ele tivesse percebido que a planta dos elementos encontrados no Porão das Irmãs de Nazaré apresentada por Bagatti estava altamente imprecisa. Talvez tenha sido essa a razão, ou ao menos uma delas, que o fez se interessar em redesenhá-lo em detalhes. É possível que as décadas de trabalhos que se lhe seguiram tenham surgido a partir desse desejo compreensível de produzir uma planta correta!

Claro está que Senès reconheceu que as irmãs tinham as mãos em algo muito mais importante do que Bagatti havia reconhecido. Parece que logo de partida sua opinião era que as freiras haviam descoberto tanto a casa onde Jesus fora criado por Maria e José (que Senès chamou de "Venerável Casa") quanto a tumba de São José – é assim que ele se refere, em suas notas inéditas, à bem-conservada tumba escavada na rocha na parte sul do Porão.

Como consequência, em seu trabalho no Convento das Irmãs de Nazaré, ele não estava simplesmente tentando registrar vestígios arqueológicos visíveis, mas sim embarcando numa missão religiosa que se tornou o trabalho de sua vida e na qual atuaria até as vésperas da morte, em 1963. Até onde é possível afirmar, ele jamais se afastou de sua impressão original nem considerou qualquer outra hipótese.

Seria, porém, um erro caricaturá-lo como um mero fanático irracional à procura do seu objetivo. Senès era um intelectual sério e meticuloso, cujas habilidades como pesquisador e desenhista transparecem nas plantas e elevações mantidas até hoje nos arquivos do convento.

Sua função, ou o modo como parecia compreendê-la, era provar para o resto do mundo que as freiras haviam descoberto tanto o lar original da Sagrada Família quanto a tumba de São José. Ele entendia o que chamou de "arqueologia arquitetural" – ou seja, o estudo de edifícios antigos – como meio para alcançar seu objetivo. Logo, necessitava primeiramente de plantas e elevações confiáveis daquilo que havia sido encontrado no sítio.

4.2 Desenhando as ruínas

Senès estava ciente de que todos os desenhos existentes das estruturas preservadas no Porão do convento eram imprecisos. Natural, portanto, que chamasse para si a tarefa de registrar com maior precisão tudo o que já havia sido encontrado. Usando seus talentos como pesquisador e desenhista, elaborou plantas detalhadas, elevações e seções de todos os elementos que identificara lá dentro.

Desenhar paredes no Porão deve ter sido um trabalho difícil, dado que a iluminação elétrica só seria instalada em 1951. De 1936 até lá (boa parte do período em que Senès pesquisou e desenhou), ele deve ter usado velas ou lanternas. Minha própria experiência no local demonstra como ele deve ter estado na obscuridade ou mesmo no mais profundo breu. É notável que tenha cometido tão poucos erros.

Ele preparou uma série de desenhos com medidas e relacionou-os a uma planta do Porão que produzira usando um teodolito. Ao longo de todos os anos em que trabalhou por lá, constantemente os revisou e os refez à luz das novas informações e produziu *closes* mais detalhados de determinados elementos que lhe interessavam de maneira mais específica. As passagens parecem tê-lo fascinado de modo muito especial, pois ao menos uma vez ele as desenhou com bem mais detalhes do que outras partes do sítio – a razão disso não está clara.

Ao desenhar nessa situação as ruínas do Porão, Senès incorreu em três problemas, os quais provocaram grande confusão em todos os pesquisadores que viriam a trabalhar no sítio. O primeiro é que ele supôs que todas as paredes modernas eram completamente verticais e tinham cantos formando ângulos retos exatos, os quais, pensava, poderiam ser usados como pontos de referência durante as medições dos elementos mais antigos. Como consequência, a precisão de seus desenhos dependia bastante dessas conjecturas.

Infelizmente, as paredes estão longe de serem alinhadas, algo que pode ter ocorrido graças a imprecisões durante a construção, terremotos subsequentes ou mesmo uma combinação de ambos. Além disso, as paredes modernas têm cantos que nem fazem ângulos retos exatos, nem são perfeitamente verticais, provável que por causa da mesma combinação de construção imprecisa e movimentos sísmicos.

Sozinhas, essas imprecisões não são grande coisa. O Porão e demais edifícios foram bem construídos. Mas elas provocam erros graves quando acumuladas nas medições das distâncias, de modo que erros cumulativos infiltraram-se em seus desenhos sem que percebesse. Tudo isso fez com que, em grau maior ou menor, as plantas e elevações que criou estivessem imprecisas.

Segundo, Senès tendeu a combinar o registro daquilo que estava verdadeiramente lá com o que ele imaginava ter estado. Ou seja, em certos casos seus desenhos estavam amiúde próximos de um retrato acurado do que via, levando-se em consideração seus métodos e equipamentos. Noutras vezes, porém, tratavam-se de reconstituições que refletiam mais sua interpretação do que aquilo que de fato vira.

Lamentavelmente, tanto nos títulos quanto nas legendas de seus desenhos ele deixou de identificar o que cada um representava. Nada disso foi registrado em notas, de modo que não há como sabermos se alguns desenhos apresentam evidências arqueológicas que estavam simplesmente mais completas quando ele as viu do que estão hoje, ou se são, de modo parcial ou completo, reconstituições.

Senès confundiu ainda mais o trabalho ao classificar alguns desenhos como "estado presente" ou "reconstituição". Isso levou a uma falsa sensação de segurança sobre o que seus desenhos não identificados representavam: alguns deles são claras reconstituições, enquanto outros consistem em meros registros do que havia visto.

Por fim, sua atenção estava particularmente voltada para as paredes (e passagens), de modo que prestou bem pouca atenção a outros tipos de vestígios, à exceção das cisternas. Não há nem sequer a indicação de que ele tivesse conhecimento dos muitos tipos de evidências arqueológicas encontradas de modo rotineiro. Buracos de postes, sarjetas e até mesmo pisos não pavimentados não têm função alguma em seus desenhos.

Ainda que esses desenhos não possam ser considerados representações acuradas dos conteúdos do Porão, eles de fato são um indicativo do que existia por lá entre as décadas de 1930 e 1950. Trata-se de algo extremamente útil dada a restauração feita a posteriori e uma grande melhoria em relação à planta que Bagatti desenhou em 1936. É salutar que representem os registros mais precisos feitos dos elementos arqueológicos contidos no Porão no século XX.

Senès era bem mais eficiente quando reunia desenhos antigos e outros registros, muitas vezes fragmentários, dos elementos encontrados na superfície – ou pelo menos nos níveis acima do Porão. Isso lhe permitiu desenhar uma planta geral do sítio que se estendia para além do Porão e incluía vestígios que, já nos anos de 1930, estavam há muito destruídos. Novamente, com frequência atualizava essa planta no decorrer das décadas de estudo no convento, de modo a incluir suas escavações e as descobertas fortuitas ocorridas por lá e nas ruas circunvizinhas.

4.3 Senès no museu

Por volta de 1936, o museu do convento já estava entulhado de restos arqueológicos dos mais variados tipos. Havia moedas e outros artefatos de metal, cacos de vidro e de cerâmica, além de objetos de pedra de diversos tamanhos, de contas e tésseras a fustes de colunas que, no passado, suportaram partes de edifícios.

Senès vasculhou esses achados, colocando os objetos menores em engradados de madeira, caixas de papelão, caixas de comida reutilizadas e latas – nesse particular, suas preferidas eram as latinhas de tabaco.

A maior parte dos objetos ainda existentes no museu estava nesses contêineres da primeira vez que os vi, em 2006. Embora alguns ainda ostentassem os rótulos com a letra de Senès, a maioria estava desetiquetada. A julgar pelos rótulos em francês com diversos tipos de caligrafia, fica parecendo que, quando ele estudava os achados, alguns deles já estavam rotulados.

Empregando seus conhecimentos sobre os artefatos encontrados em outros sítios e, ao menos em certos itens, muito provavelmente os rótulos preexistentes, ele se empenhou em datar e identificar os objetos. Às vezes, suas etiquetas também contêm detalhes como o local da descoberta, mas em sua maior parte apenas os dividem em categorias, como "vidro" ou "cerâmica".

Seria de se esperar que todos os objetos do museu viessem do próprio convento. Essa era minha suposição inicial quando lá estive pela primeira vez em 2005, e aparentemente muitos outros que visitaram o sítio pensavam da mesma maneira. Mas isso está absolutamente incorreto.

As etiquetas de Senès apontam que alguns objetos que ainda permanecem no museu vieram de localidades fora de Nazaré. Estes, ele nos diz, provinham de lugares como Kefar Kana, Acre e Eilabun. Costumava haver ainda mais desses objetos, como uma lamparina de cerâmica hoje perdida, descrita em suas notas como tendo sido doada ao museu do convento de uma escavação em Tabgha, no Mar da Galileia.

Não há indicação de que qualquer das grandes peças de pedra talhada tenha vindo de outras partes. Muitas foram certamente encontradas no convento, pois são descritas nas notas que as freiras produziram nos séculos XIX e XX. Contudo, mesmo uma téssera é descrita por Senès como sendo das "antigas tumbas" de "Chef-Amar" (Shefa-Amr), um sítio onde, no século XIX, foram descobertas tumbas bizantinas escavadas na rocha e havia um outro convento das Irmãs de Nazaré.

Nada indica que qualquer um desses materiais estivesse sendo passado como oriundo das escavações no convento. Nem as freiras nem Senès sentiram que precisavam fraudar materiais para fazer do sítio algo mais do que realmente era. Nas etiquetas, a origem externa dos materiais deixa isso bem claro.

Ainda assim, embora boa parte das peças do museu não esteja identificada, não é porque o objeto está lá que necessariamente foi encontrado no convento. Além disso, como muitas das caixas de papelão e madeira, bem como os artefatos expostos nas prateleiras, não estão rotuladas, a vasta maioria dos objetos do museu são imprestáveis para interpretar o próprio sítio.

Mais: tudo o que restou no museu é possivelmente uma amostra sub-representada do que foi encontrado. Desde que as escavações começaram, a maior parte dos visitantes do convento interpretou em termos religiosos os objetos que as freiras tinham encontrado, como relíquias do tempo de Jesus ou, pelo menos, artefatos de Nazaré que podiam ser conservados como *souvenires* da Terra Santa. Muitos dos visitantes pediam às irmãs algo para levar para casa – uma moeda, uma lamparina etc.

Por causa disso, e de sua própria generosidade, as freiras vinham dando objetos aos visitantes desde o começo do século XX. Claro, os devotos desejavam sobretudo certos itens que pareciam ser de começos do primeiro século ou que tivessem símbolos cristãos. Consequentemente, muita coisa foi embora, e o que foi doado estava longe de ser uma seleção aleatória dos achados.

Mencionamos no capítulo 2 que objetos tinham sido entregues a famílias locais para que fossem mantidos em segurança, mas jamais retornaram. Algo semelhante aconteceu durante a Segunda Guerra Mundial. O que parece ter sido uma quantidade significativa de "melhores" achados foi, por segurança, enviada para a França. Não se sabe o que foi feito deles. Talvez tenham sido destruídos nos bombardeios, roubados ou perdidos. Quem sabe se um dia eles ainda sejam encontrados – em Marselha, por exemplo, se Senès enviou-os para casa para mantê-los a salvo.

Seja como for, quando Senès veio a descrever o conteúdo do museu, muito já estava perdido. E suas notas inéditas demonstram que ele estava bem consciente disso. Ainda assim, ele realmente considerou que as moedas no museu tinham vindo do convento, algo que levou a um dos incidentes mais desconcertantes e enigmáticos já ocorrido nos estudos arqueológicos do sítio.

4.4 Um curioso caso de moedas

Após servir brevemente na força aérea francesa sediada em Beirute, Senès permaneceu no convento durante a Segunda Guerra Mundial, quando Nazaré estava sob controle britânico. A cidade era, em verdade, uma importante base para as tropas britânicas.

Mesmo no começo do século XXI, a presença daqueles soldados em Nazaré era lembrada pela população local. Por exemplo, enquanto caminhava pela rua principal em frente à Igreja da Anunciação em fins de 2006, encontrei um vendedor de castanhas assadas que usava um carrinho muito similar àqueles que via em Londres durante a mesma época do ano. Quando comentei a semelhança, o vendedor me contou que aquele era um costume típico de Nazaré que o povo da cidade havia aprendido com os "Tommies" (os soldados britânicos) durante a guerra.

É possível que isso não pareça ter relação alguma com as moedas do museu do convento, mas o incrível é que foi justamente a um desses Tommies que Senès se dirigiu para que identificasse as moedas. Em 1941, ele as mostrou ao sargento Lathan, um militar lotado em Nazaré que estava visitando o convento. Antes de ser convocado para o Exército, disse ele, trabalhava no Museu Britânico, onde era um especialista em numismática.

Se isso foi verdade não sabemos. No museu não há quaisquer registros de um Lathan (ou Latham, um sobrenome britânico mais comum) que já tenha trabalhado por lá. Mas as identificações que ele realizou parecem possíveis, dadas as descrições mais antigas das moedas.

Segundo Senès, Lathan disse que na coleção havia um *minim* do século IV do Imperador Maximiano, uma moeda romana da dinastia constantiniana do século IV, cinco persas do século VI, três árabes de prata dos séculos VIII e IX, três bizantinas do século X, quatro da época dos cruzados (século XII) e quase 200 moedas de bronze islâmicas, datadas entre os séculos VII e X.

Parece que Lathan conhecia a linguagem técnica apropriada para descrever as moedas. Os períodos temporais e as associações culturais por ele sugeridas conferem com o que hoje se sabe a respeito da história da primitiva Nazaré. Dessa forma, viesse ou não do Museu Britânico, ele devia conhecer algo de numismática.

O que é ainda mais estranho sobre esse episódio é que, embora a identificação das moedas pareça razoável, ela não coincide com os rótulos encontrados no museu em 2006, tampouco com a identificação das mesmas moedas realizada por um genuíno numismata do Museu Britânico (Sam Moorhead) para o meu próprio projeto de pesquisa. Ou seja, temos três listas de moedas no museu do convento: uma feita por Lathan em 1941, outra por Moorhead em 2008, e uma terceira escrita nas etiquetas do museu, que vi pela primeira vez em 2005.

A explicação mais simples é que Lathan de fato identificou corretamente as moedas que viu. É possível que Senès as tenha trocado na vitrine de exposição (talvez após um furto) por outras atualmente perdidas e que ele próprio havia etiquetado. Mas essas moedas também devem ter sido roubadas, dadas ou perdidas, e seu lugar na vitrine foi ocupado por outras, vistas por mim em 2005 e identificadas por Moorhead em 2008.

Fica, então, a dúvida: Quantas dessas moedas efetivamente procedem do sítio? Registros do século XIX descrevem com credibilidade a descoberta de moedas romanas, bizantinas e medievais, mas se elas eram as mesmas que Lathan ou Moorhead viriam a identificar permanece um mistério. Não obstante, as três listas convergem entre si quanto às datas e aos tipos das moedas, de modo que é possível que elas possam, ao menos, refletir a variedade desses objetos encontrados no sítio.

4.5 Senès escava

Senès também realizou escavações no convento por conta própria. A primeira delas ocorreu em 1940, quando ele (ou antes, um trabalhador) abriu uma trincheira de cinco metros de profundidade com o intuito de chegar ao fundo da parede norte-sul, situada no lado nordeste do quintal do convento.

Ficou estabelecido que a parede era muito bem construída, e Senès considerou que pertencesse a um terraço. Uma de suas notas, encontrada nos arquivos do convento, diz existir solo de grande profundidade, cerca de sete metros, em seu lado leste, enquanto no lado oeste a camada chegava somente a três metros. Sendo assim, é possível que todo o solo a oeste tenha sido colocado no terraço sobre as bordas do uádi a leste, muito embora tudo esteja obviamente aberto a outras interpretações.

Ainda mais intrigante é uma saliência rochosa com cerca de três metros de altura, supostamente alinhada a oeste no lado sul da parede. É possível que fosse alguma irregularidade natural, ou o resultado da existência de uma pedreira que existira em algum momento no passado. É até mesmo razoável que tenha sido uma parede talhada na rocha, similar à que foi encontrada na área coberta a sul do Porão.

Não é absurdo que edifícios de períodos aproximados ao das paredes talhadas na rocha da Estrutura 1 a sul do Porão tenham existido no alto do monte, na área onde está atualmente o jardim do convento – justo onde a borda foi localizada. Já vimos que as freiras haviam encontrado evidências de ocupações do período romano inicial lá no alto, de modo que esse vestígio poderia ser parte delas.

Senès considerou que a escavação fora irrelevante, mas não se deu por vencido. Mais tarde, naquele mesmo ano, decidiu que daria uma nova olhada em uma das antigas cisternas (C12) que as freiras haviam encontrado no século XIX, aquela que só poderia ser acessada por um túnel similar ao mencionado no capítulo 3, construído ou reconstruído pelas irmãs sob a rua a sul do convento.

Quando os trabalhadores atingiram o lado da cisterna com as picaretas, a água jorrou pela superfície rochosa partida. A explicação parece ser a seguinte: em vez de ser um simples reservatório escavado na rocha para acumular água vinda de outro lugar, havia sido efetivamente construída para conter a água que fluía de uma nascente natural localizada naquele ponto exato.

Diante dessa reviravolta, Senès fez um desenho rápido da seção da cisterna e encerrou os trabalhos. Ele jamais voltaria para lá, nem soube que havia aberto uma fonte no convento.

Ele retornaria às escavações em fins de 1940, dessa vez na Chambre Obscure, onde considerava que deveria haver uma passagem antiga do lado norte levando até a Grande Caverna (cf. Figura 4.2). Essa passagem não existia, mas durante a procura ele fez com que o trabalhador do convento escavasse boa parte do piso dessa câmara.

O progresso era lento, camada por camada, e, à medida que escavava o piso em séries de pequenos quadrados, era difícil interpretar os achados. Havia risco verdadeiro de colapso das rochas – mesmo hoje, se ainda ocorressem escavações no Porão. Senès precisou desistir em definitivo da empreitada em janeiro de 1941, quando uma rachadura apareceu no teto de rocha que cobria a câmara. Um desabamento desastroso parecia iminente, e continuar era, por óbvio, uma temeridade.

Intrépido, Senès permaneceu determinado a encontrar novas evidências sobre o sítio. Ele voltou, pois, sua atenção para a parede de pedra e argamassa que cobria o canto sul da Grande Caverna. Lá encontrou uma camada de argila depositada pela água – um depósito de aluvião – tão alta quanto a própria parede, cujas fundações haviam sido escavadas em um depósito similar.

Havia, portanto, dois desses depósitos: um posterior à parede, contra a qual havia se formado, e outro anterior às fundações da estrutura. Essas fundações situavam-se também uma camada de solo sobrejacente a duas tumbas (T1 e T2) que as freiras encontraram a sul da Grande Caverna. Logo, elas eram mais recentes do que a parede e a camada de aluvião onde haviam sido abertas.

Consequentemente, os esforços de Senès para compreender melhor a parte norte do Porão tinham valido a pena, muito embora jamais viesse a encontrar a passagem entre a Chambre Obscure e a

Grande Caverna que tanto desejava. Ele esperava que a caverna tivesse sido aberta em seu lado sul antes da construção da parede que seguia até o canto sul. Em vez disso, tinha demonstrado que a Grande Caverna tinha rocha sólida ao longo de todo seu lado sul.

Empenhando-se em compreender o que estava acontecendo, Senès voltou a escavar a Chambre Obscure, em mais uma caçada pela passagem. Dessa vez, uma que a ligasse à câmara mais ao sul.

Como em suas primeiras escavações no local, ele escavou a câmara em pequenos quadrados, que devem ter tido no máximo dois metros quadrados para que pudessem caber entre o pavimento ao sul da câmara e a porta escavada na rocha da Chambre Obscure.

Senès foi capaz de reconhecer que a passagem havia começado como um elemento escavado na rocha, algo que possivelmente resultou da escavação dentro da Chambre Obscure, tanto que as evidências visíveis no sítio demonstram que ele havia deixado a área imediatamente ao sul da passagem, e sua base de pedra, intocadas.

Dentro da Chambre Obscure, ele também encontrou uma elevação talhada na rocha com cerca de 12 centímetros de altura e que a atravessava diretamente. Nem ele nem os comentadores que vieram depois conseguiram definir o propósito específico dessa estrutura. Pode ter sido a base para (1) uma divisão interna originalmente planejada para a Chambre Obscure, (2) uma outra passagem e (3) alguma partição interna ou mesmo a resultante do uso subsequente. Algumas interpretações, contudo, podem ser desprezadas. Por exemplo, é tão fina e baixa que jamais poderia ter sido um banco ou a base para um lóculo funerário, como aqueles descritos no capítulo 3.

A essa fase da rocha talhada na Chambre Obscure seguiu-se uma outra em que a passagem teve de ser reconstruída com emparedamento de pedras sem argamassa, embora apenas um trecho desta última tenha sobrevivido. Ainda que basicamente formada por pedras soltas, parece que em algum momento usou-se argamassa para fixá-la ao leito rochoso. Essa parede incorporou também um rochedo acima da superfície rochosa e foi unida com argamassa à parede norte do cômodo, edificada com pedras.

Possivelmente ao mesmo tempo que a parede de pedras soltas era construída, um buraco na rocha, aos pés do lado leste da passagem escavada na rocha, era preenchido com restos da escavação. A natureza dessa abertura é desconhecida; pode ter sido uma reentrância natural, uma área desgastada associada ao uso da passagem, ou mesmo um fosso raso no interior da câmara.

No centro da Chambre Obscure havia duas camadas sucessivas de escombros, e ao menos uma delas (provavelmente as duas) estava misturada com argila de aluvião, similar à descoberta na Grande Caverna. O mesmo depósito carregado pela água havia preenchido uma fenda na rocha situada no lado norte da câmara.

O depósito de entulhos posterior estava no topo do rochedo sobre o qual a parede de pedras soltas situava-se, mas o mesmo rochedo estava acima da camada de escombros mais antiga. Ambos provavelmente registram o colapso do teto de pedra da câmara durante períodos de abandono e sugerem que um desses episódios de desabamento deva ter ocorrido antes da obstrução com pedras soltas e o outro após isso. Durante ao menos um desses períodos de abandono, a camada de aluvião teve tempo para se formar à medida que o teto gradualmente desabava.

Senès descobriu também um vão no sentido leste-oeste com 90 centímetros de profundidade, aberto possivelmente para uma partição de madeira ou para o encaixe de prateleiras, além de um corte de 80x8 centímetros na parede de rocha do lado sul da passagem, que possivelmente também servia como cavidade para madeira. Contudo, a datação desses elementos quanto ao seu uso sucessivo e à obstrução encontrada na passagem é desconhecida.

Não se sabe ao certo até que profundidade essa escavação avançou. Um setor dos desenhos mostra uma camada grossa de solo abaixo do piso da Chambre Obscure, mas está indicada como "inexplorada", enquanto outro desenho mostra o solo mais raso nessa área.

Há alguns achados no museu do convento que possam ter vindo dessa escavação, mas o único objeto que Senès menciona ao descrever seu trabalho na Chambre Obscure é um caco cerâmico, que ele diz ter identificado como sendo do século I ou II a.C. Por ironia, esse artefato foi encontrado "independentemente" – o que quer que isso signifique (perdido em "despojos" já escavados, talvez?) pela superiora do convento, Madre Perinet, em 1940. Lamentavelmente, esse caco se perdeu, ou ao menos está indetectável dentro do museu, de modo que sua datação precisa é desconhecida.

A próxima escavação de Senès deu-lhe a oportunidade de procurar evidências daquilo que ele mais desejava. Há que se recordar que, para ele, o único motivo para escavar o sítio era comprovar sua conexão bíblica. Madre Perinet (a freira que havia realizado a descoberta "independente" na Chambre Obscure) decidiu melhorar o piso da Venerável Casa e, como seria de se esperar, deu a Senès a chance de escavá-la, uma oportunidade que ele deve ter abraçado com todas as forças (cf. Figura 4.3).

Por sorte, todos os achados foram razoavelmente bem registrados. As notas de Senès e os diários do convento fornecem, de fato, relatos de testemunhas oculares contemporâneas à escavação. Talvez por considerar que essa parte do sítio fosse particularmente importante, ele tentou registrá-la em maior detalhe.

Quando o trabalhador de Senès começou a cavar, encontrou primeiramente uma camada de solo e fragmentos de calcário; logo abaixo, uma camada de cinzas e carvão misturada ao solo subindo na direção norte. Isso deve ter-lhe recordado da camada calcinada que as freiras haviam encontrado na Grande Caverna ainda no século XIX.

Muitos dos achados de Senès na camada calcinada estavam, eles mesmos, queimados: cerâmica, pedras e o que parece ter sido um recipiente de calcário. Mas havia também tésseras de vidro e pedra (de dois tamanhos) e cacos de vidro possivelmente não queimados.

Dada sua percepção do material que escavava, não surpreende que Senès tenha cuidadosamente mantido tudo em uma caixa. Talvez pensasse em estudos posteriores, ou que seriam levados como relíquias religiosas – se foi esse o caso, jamais teve a chance de levá-las.

A caixa foi encontrada no convento em 2006, íntegra, com seu conteúdo e rótulo originais. Continha até um pouco do solo no qual os objetos haviam sido encontrados.

Mesmo assim, seus métodos de escavação permaneceram grosseiros, mesmo para os padrões dos anos de 1930 e 1940 (cf. Figura 4.4). O trabalhador simplesmente removia os depósitos arqueológicos com pá e picareta, em vez de registrar cada um por vez e, ao menos aqueles mais superficiais, removê-los com uma espátula ou colher de pedreiro.

Esse método teve consequências arqueológicas desastrosas. Embora Senès acreditasse que tanto a Virgem Maria quanto Jesus tinham caminhado sobre o piso do edifício, ele foi incapaz de identificar qual das camadas seria. Como consequência, seu trabalhador perfurou-o diretamente, destruindo-o quase por completo – o que sobrou será discutido no próximo capítulo. Sabemos que Senès não tinha noção desse seu erro, pois os desenhos que fez desse setor demonstram que ele supunha estar o piso muito mais abaixo.

A desastrosa campanha de 1940 não foi, de modo algum, a última escavação que Senès empreendeu no sítio. No ano seguinte, pela primeira vez ele investigou a área fora das paredes do convento. Em dezembro de 1941, notou uma cisterna escavada na rocha na rua que subia até o moderno mercado da cidade e que corre a leste do convento. Diz-se que essa cisterna foi encontrada durante trabalhos de construção entre o muro leste do convento e essa área no começo do século XXI, mas não tive como confirmar essa informação.

Mais tarde, naquele mesmo mês, ele teve a oportunidade de escavar no outro lado do convento. A rua estava sendo alargada e novos esgotos construídos entre as Irmãs de Nazaré e a Igreja de Jesus (anglicana), a oeste. Essa escavação demonstrou que a parede leste da igreja anglicana assentava-se de fato numa parede de pedra com argamassa muito mais antiga, algo que supostamente lhe oferecia fundações mais seguras. A leste, do lado oeste do convento, ele encontrou outra parede de pedra e argamassa formando pequenos cômodos semelhantes a celas, cada qual com sua própria cisterna.

Mais tarde, ainda nos anos de 1940 (a data precisa é desconhecida), ele escavou o limite sul da parede construída, à qual chamei de Parede 2, a leste da Estrutura 1. Essa escavação demonstrou que o arco caído encontrado pelas freiras estava sobre argila de aluvião, provavelmente a mesma registrada em outras partes do Porão.

Senès também escavou do outro lado, o oeste da Parede 1, a mais importante parede talhada na rocha da Estrutura 1, e abaixo da passagem em arco que a cortava. O que eventualmente descobriu permanece incerto, pois o único registro são suas notas inéditas. Parece haver indicação de algum tipo de piso de calcário triturado.

Sabemos ainda sobre Senès que ele foi elogiado por sua "excepcional coragem" ao realizar serviços de caridade durante a guerra árabe-israelense de 1948-1949. Além disso, desempenhou um significativo papel na gestão diária do Instituto de Jerusalém.

Em 1946, na ausência de Senès, Madre Perinet realizou uma escavação por conta própria. Ela estava interessada na área mais para trás, ou seja, a oeste da parede principal da "casa", a Parede 1, que ele havia escavado em 1940. Infelizmente, ela confundiu a forma curva do teto de uma caverna escavada com o topo de uma tumba arqueada (um *arcossólio*), o que a levou a acreditar que havia encontrado um enterramento do período romano inicial. Nenhum dos achados do convento é atribuído ao seu trabalho, tampouco nada há que sugira que ela tenha encontrado evidências de um funeral.

Em 1951, tomou-se a decisão de concretar os pisos do Porão e reparar as paredes, e Senès ganhou mais uma chance de escavar. Ele queria ver se a parede grande com argamassa, a M4, continuava na direção leste. Era uma estrutura que aparentemente o fascinava de modo muito especial, pois retornou a ela diversas vezes em seus registros, notas inéditas e, por fim, durante essa escavação em 1951.

Acabou sendo uma escavação bem profunda. Como chegou a atingir 4,5 metros de profundidade, deve ter ocorrido imediatamente a leste da atual parede leste do Porão. Isso é algo em si já estranho, pois é difícil entender como reparar as paredes do Porão e concretar seu piso poderiam criar a oportunidade de escavar fora dele.

Escavando 2,5 metros fora da parede, Senès afirmou ter descoberto nada mais do que solo escuro contendo cerâmica, ossos e cacos de vidro. Sob essa camada profunda, ele achou mais paredes e algo que descreveu como uma camada fina de areia. Esta última aparentemente também tinha origem aluvial, e nela ele encontrou a continuação da M4 da direção leste, sobre a encosta inclinada da rocha.

Senès voltaria a escavar no convento só mais uma vez, em 1963. Durante essa temporada final de trabalho, retornou à parte do sítio que havia primeiramente escavado, 23 anos antes. Seu objetivo era a cisterna escavada na rocha do jardim do convento. Não há registro do que foi encontrado na escavação.

Essa última temporada ocorreu apenas um ano antes de sua morte, vítima de um ataque do coração, em um hospital de Jerusalém na noite de 7 de novembro de 1964. Ele foi enterrado em um pequeno cemitério na Igreja de Nossa Senhora da França (atual Nossa Senhora de Jerusalém), voltado para o Monte das Oliveiras.

4.6 A interpretação de Senès

À parte dois panfletos, Senès jamais publicou resultados do seu trabalho arqueológico no sítio do convento. Não obstante, como já mencionamos, numerosos textos que datilografou permanecem nos arquivos do convento. Neles é possível vê-lo trabalhando numa interpretação do que havia sido encontrado. Alguns desses papéis e diversos desenhos indicam que preparava algo como um livro a respeito do sítio, mas que jamais chegou a ser completado.

Outro escritor, contudo, publicou partes do trabalho de Senès e mesmo uma de suas plantas com ele ainda vivo e trabalhando. Não temos ideia de como isso aconteceu. Será que Senès aprovou essa publicação? Ou será que nem sequer tomou conhecimento dela?

Publicada em 1956, seu autor é alguém que se apresenta como Souer Marie de Nazareth (Irmã Maria de Nazaré). Seu conhecimento demonstra que ela teve acesso ao diário do convento e que, inclusive, conhecia as lendas internas de lá, cuja difusão para além das muralhas seria improvável. Era, portanto, alguém ou associado ao convento ou que teria permanecido tempo suficiente para obter tais informações.

A princípio, pareceria óbvio que a tal Irmã Maria de Nazaré seria nada menos do que uma das próprias Irmãs de Nazaré, mas, embora aparentemente fosse uma freira francófona, as irmãs costumavam manter o nome de batismo, de modo que seria muito improvável que ela se chamasse Maria de Nazaré. Quando eu perguntei no convento, disseram-me que nada sabiam a respeito dela. Sua identidade permanece, pois, um mistério.

Esse fato me intriga há muito tempo. Após considerar diversos pontos, duas possibilidades apresentam-se como mais prováveis do que as demais. Talvez a "Irmã Maria" fosse uma das freiras sob pseudônimo, pois sabia que a publicação de um artigo poderia causar desaprovação, seja por parte da própria ordem, da Igreja Católica ou do mundo acadêmico. Ou então talvez fosse uma visitante regular ou hóspede do convento durante uma longa temporada, a quem foi permitido o acesso aos arquivos.

O trabalho de Senès seria eventualmente descrito de forma bem mais convencional uma década depois. Uma freira canadense, Irmã Renée Desmarais, escreveu, em 1966, uma tese de doutorado sobre o sítio, para o Departamento de Ciências Religiosas da Universidade de Ottawa. Ela apresentou um sumário cuidadoso da interpretação de Senès e reproduziu muito dos seus desenhos do sítio. Trata-se de uma descrição razoável e uma visão geral do que ele havia alcançado.

Diante disso tudo, fica a questão: Depois de mais de 25 anos estudando o sítio, qual era a interpretação de Senès? Ele considerou que os elementos mais antigos eram tumbas judaicas, datadas do período helenístico tardio. Como uma delas, a "Tumba de São José" (Tumba 1), encontrava-se num nível vertical mais baixo do que aquilo a que ele chamou de "Venerável Casa", considerou-a mais antiga do que essa estrutura.

Logo em sequência, mas após um período de abandono, veio uma série de cisternas – sobretudo aquelas atualmente a leste da Grande Caverna. Senès considerou que, naquele momento, o sítio era um local de reunião, que compreendia o sul do que é hoje a Grande Caverna. Esse espaço, afirmou, teria sido expandido e uma tumba aberta dentro dele, e depois estendida para formar a Grande Caverna. Segundo sua interpretação, tratava-se de, em suas palavras, algum tipo de "catacumba".

Posteriormente, considerou que a Grande Caverna havia passado por modificações inacabadas até enfim receber a abside sul e talvez ser decorada com mosaicos – entre outras alterações. Senès datou todas essas transformações como anteriores ao ano 100 d.C.

Ele pensou que, após um período de abandono que se seguiu (que estimou entre 150 e 200 anos), a caverna voltou a ser retrabalhada, por volta de 330 e 354, um fato associado à abertura do acesso à Venerável Casa. Nessa interpretação, a caverna foi modificada em um contexto cristão, tornando-se uma cripta para a "grande igreja" de Bizâncio, utilizada também durante o período das Cruzadas.

Senès obviamente deu grande relevo ao restauro da Venerável Casa em seus textos datilografados e desenhos inéditos. A partir deles, descobrimos que ele a interpretava como uma estrutura retangular, parcialmente dotada de dois andares, com uma fachada oriental com duas grandes entradas com arcos. Ele viu uma dessas entradas aparecendo na parede construída junto da escadaria da época dos cruzados ainda existente, e a outra como uma versão original do arco a sul dessa parede.

Senès considerou que, com exceção de uma, todas as cisternas estavam desconectadas da casa. Sua hipótese é que devia ter existido um jardim murado em volta da construção, no qual essa cisterna (designada C1) havia permanecido como um pináculo semelhante a uma chaminé, separada do bloco rochoso que continha a Grande Caverna localizada imediatamente a oeste.

Essa teoria produziu uma estrutura implausível, sem paralelo próximo quando da descrição ou mesmo hoje, mas vagamente semelhante às tradicionais moradias modernas do Oriente Médio. Essa cisterna semelhante a um pináculo no jardim é de correspondência um tanto espinhosa. Não resta grande dúvida de que a estrutura que ele descreveu como a "Venerável Casa" era um edifício que jamais tivera tais características.

Ele estava igualmente certo de que os ocupantes daquela casa tinham sido a Sagrada Família, Jesus, Maria e José. Logo, em sua opinião, Bagatti estava equivocado, e as irmãs, vindicadas.

4.7 A resposta à interpretação de Senès

A interpretação de Senès, ainda que inédita, exerceu uma profunda e duradoura influência sobre boa parte da discussão subsequente do sítio entre aqueles inclinados a discordar da refutação feita por Bagatti nos anos de 1930. Na década de 1960 havia não mais que *de facto* duas interpretações antagônicas sobre os elementos visíveis do Porão: a de Bagatti e a de Senès.

Assim como os dois proponentes, dos anos de 1940 aos de 1980 todos os envolvidos no debate subsequente eram clérigos, de uma forma ou de outra. Ou seja, o sítio tornou-se mais propriamente uma controvérsia religiosa do que uma discussão arqueológica. De fato, poucos arqueólogos, mesmo em Israel ou na "arqueologia bíblica", citam-no.

Até onde sei, a única pessoa a propor um novo programa de estudo arqueológico para o sítio pós-Senès e antes do meu próprio trabalho foi a Dra. Eugenia Nitowski (1949-2007), que na época era uma freira carmelita. Jeannie (como era conhecida antes de adotar o hábito) inicialmente estudava assistência à saúde na Universidade Loma Linda, nos Estados Unidos, antes de se tornar pilota em áreas selvagens da África. Seu interesse por arqueologia existia desde a infância, e de alguma forma a levou a se tornar curadora-assistente do Siegfried H. Horn Archaeological Museum na Universidade Andrews, Estados Unidos, durante os anos de 1970.

Já no início de seu trabalho nesse cargo, ela se envolveu nas escavações em Tell Hesban e codirigiu a escavação de uma tumba nesse sítio em 1971, com apenas 22 anos de idade. Onde e como aprendeu arqueologia de campo, isso não se sabe, mas durante sua estada no museu ela adquiriu uma série de qualificações: um mestrado em religião na própria Universidade Andrews, depois outro mestrado e um PhD em "arqueologia bíblica" na Universidade de Notre Dame.

Durante esse período, dois outros eventos a influenciariam para o resto da vida: ela se tornou católica e, eventualmente, uma freira carmelita, e conheceu Joseph Kohlbeck, que havia tentado coletar pólen do Santo Sudário em Turim usando fita adesiva.

A técnica que Kohlbeck propunha é problemática. Como o ar normalmente contém pólen, aquilo que a fita coletar pode basicamente ser de qualquer período a que a superfície pesquisada tenha estado exposta até o momento em que a amostra foi coletada. Jeannie, contudo, estava convencida de que o método era funcional e tentou empregá-lo para reconstituir o ambiente de uma antiga tumba em Jerusalém, provendo, assim, material comparativo para o pólen coletado no sudário.

Enquanto era freira, baseada no Monte Carmelo, Israel, ela tentou organizar um projeto de pesquisa destinado a datar a "casa" do sítio das Irmãs de Nazaré, combinando o método de Kohlbeck de coleta de pólen com fita adesiva à datação de cacos cerâmicos encontrados dentro da argamassa das partes construídas das paredes. Esta última parte não parecia uma má ideia para datação, até se descobrir que, em meados do século XX, a argamassa tinha sido renovada e os pedaços de cerâmica colocados lá. A verdade é que nenhuma das propostas oferece uma boa solução para datar qualquer coisa no sítio.

É provável que o fato de o projeto Irmãs de Nazaré que Jeannie organizou jamais ter saído do papel tenha sido um acaso da sorte. Hoje ela é mais conhecida por seu trabalho nas ruínas medievais do Monte Carmelo. Eventualmente, abandonou a ordem carmelita e retornou aos Estados Unidos, onde fundou uma pequena biblioteca sobre arqueologia bíblica.

Outros dentro da Igreja Católica tentaram defender Senès, o último deles foi Jean-Bernard Livio, que em 1980 escreveu um breve e popular artigo numa revista católica, no qual argumentava que a interpretação de Senès estava correta. Quando estive no museu do convento em 2005 esse artigo foi-me entregue.

Infelizmente, o artigo de Livio repetia os erros de Senès, de que a tumba era anterior a "casa", e ignorava quase que por completo todos os objetos portáteis encontrados no sítio. Essa fase do debate teve seu encerramento efetivo por Florentino Díez Fernández, em 1995, que, em resposta ao artigo de Livio, apoiou a interpretação de Bagatti.

É interessante que, muito embora Senès, Bagatti, Livio e Díez Fernández fossem todos clérigos católicos, eles discordavam radicalmente sobre a interpretação do sítio. Díez Fernández chegou a duvidar de que os exemplos de pedras talhadas bizantinas tivessem efetivamente vindo do convento, afirmando que tudo teria sido levado para lá durante o período das Cruzadas para a construção de muralhas. Trata-se de algo improvável ao extremo – a vistoria atenta de todas as muralhas da época dos cruzados presentes no Porão demonstra que literalmente inexiste qualquer reutilização de material bizantino.

Seja como for, as Irmãs de Nazaré haviam se tornado um sítio arqueológico basicamente esquecido no que tange aos arqueólogos importantes, válido somente como nota de rodapé graças à tumba bem-preservada do período romano ou pelas escadarias e abóbadas da época dos cruzados. E assim estava, quando a Irmã Margherita levou-me ao Porão em 2005.

5
Estabelecendo corretamente o registro

Na virada para o século XXI, o sítio das Irmãs de Nazaré encontrava-se, em larga medida, esquecido pelos arqueólogos. As poucas menções que recebia eram em guias turísticos, e mesmo essas eram breves e desanimadoras. Foi uma dessas referências que me levou a visitá-lo pela primeira vez, como visto no capítulo 1. Quando algum arqueólogo eventualmente aludia às Irmãs de Nazaré, era sempre pelas lentes da interpretação de Bagatti.

Assim sendo, em 2006 eu me vi diante de um sítio que jamais havia sido examinado com atenção, que dirá ter sido descrito numa publicação por algum arqueólogo importante. Aparentemente, os únicos que pareciam ter algum interesse eram os pesquisadores bíblicos. Na década que se seguiu, até mesmo arqueólogos que conheciam bem a Galileia admitiam não saber nada sobre aquele sítio.

A primeira coisa a fazer era elaborar registros decentes de tudo o que existia no sítio. Com as permissões da própria Ordem das Irmãs de Nazaré e da IAA em mãos (novamente, como já descrevi no capítulo 1), meu time de arqueólogos começou a trabalhar em dezembro de 2006.

Começamos organizando os registros das escavações dos séculos XIX e XX e catalogando os achados que permaneciam no convento. Num primeiro momento, cada um dos artefatos precisaria ser descrito e fotografado.

Duas considerações fizeram-se presentes de imediato. Primeira, embora tivéssemos permissão para pesquisar o sítio e acesso aos registros dos trabalhos arqueológicos anteriores guardados no convento em 2006, não havia garantia nenhuma de que essa autorização seria renovada. Segunda, descobrimos que artefatos e registros estavam estocados em diversos lugares.

Alguns desenhos, notas e publicações efêmeras (tais como guias para peregrinos) estavam no próprio museu. Outros materiais, enfurnados em armários (às vezes em cima deles, outras vezes embaixo) em outras partes do convento. Uma das plantas estava emoldurada e pendurada na parede. A maioria dos documentos, porém, estava nos arquivos.

Os arquivos do convento ficavam em uma sala pequena, subindo as escadas. Era moderna, recém-decorada e bem-equipada, num dos ambientes principais à volta do claustro. Fundamental para nós, havia uma boa fotocopiadora, capaz de fazer excelentes reproduções dos desenhos, registros escritos e mesmo das fotografias que ainda restavam.

Havia muitos registros a serem copiados. Foram necessárias duas pessoas trabalhando em tempo integral durante uma semana para que tudo fosse reproduzido. Quando terminamos, nada proveniente de alguma escavação prévia que estava guardado no convento havia sido deixado de lado.

Uma outra prioridade, em 2006, foi registrar os objetos do museu. Para garantir a consistência, registramos tudo preenchendo formulários de papel, um para cada objeto, em que os descrevíamos brevemente.

Esses formulários estavam conectados por um sistema numérico a fotografias coloridas de cada item. Todas tinham uma escala graduada em centímetros. Dessa forma, havia um duplo registro (descritivo e visual) do tamanho e da aparência de todos os artefatos do museu.

Em anos mais recentes, o projeto de pesquisa realizou desenhos em escala de alguns desses objetos, incluindo todos os que pudessem ser relacionados ao local de descoberta, bem como aqueles que era possível datar com base na comparação com outros artefatos encontrados em sítios escavados e bem-datados. Esses desenhos provaram-se inestimáveis aos trabalhos.

Como não havia nenhuma planta precisa, outra prioridade foi estudar as estruturas e demais evidências arqueológicas contidas no Porão. Como consequência, uma nova planta de tudo o que havia por lá foi criada utilizando uma Estação Total, ou taqueômetro, um instrumento eletrônico de medição capaz de gerar medidas extremamente precisas tanto na vertical quanto na horizontal. Esse processo foi realizado para o projeto por um experiente pesquisador e arqueólogo, Mitchell Pollington (cf. Figura 5.1).

Em combinação com a planta, as elevações das paredes pré-modernas do Porão e seções de quaisquer faces verticais sobreviventes de solo foram esboçadas por arqueólogos-desenhistas especializados, Ifan Edwards (nosso principal desenhista) e Helen Robertson, assistidos por outros membros da equipe. Juntos, eles desenharam detalhadamente, pedra por pedra, cada um dos elementos visíveis e as camadas de solo no Porão, em escalas de 1/10 e 1/20. Ao mesmo tempo, eu fotografei tudo o que era desenhado, produzindo, assim, um registro visual completíssimo.

Além disso, produzi registros escritos de todas as "unidades estratigráficas" – todos os vestígios e camadas – visíveis no Porão. Isso foi conseguido usando formulários, semelhantes aos utilizados para registrar objetos no museu. Usar essas folhas (como ocorria no século XIX e no começo do século XX) em vez de *notebooks* garantiu a consistência dos registros escritos.

Esses formulários, baseados no sistema de registro habitualmente usado em escavações arqueológicas na Grã-Bretanha, demandavam uma série de questões, garantindo assim que tudo estava sendo consistentemente registrado. Parte desse sistema, a relação de cada camada ou elemento ao que estava próximo era registrada, em especial qual(is) camada(s) ou elemento(s) estava(m) acima ou abaixo.

Empregando esse registro detalhado, é possível reconstruir a sequência exata dos vestígios arqueológicos e das camadas do Porão. Relacionando-os aos objetos e demais características datáveis, tais como uma decoração arquitetônica característica, ou alguma técnica de cantaria (notavelmente as marcas diagonais das ferramentas, típicas dos blocos de construção da época dos cruzados, no século XII), os vestígios e camadas acabaram podendo ser datados.

Não raro, essa datação tem margem de erro de 50 anos, mas é possível ser ainda mais preciso do que isso. Trata-se de algo importante porque, após mais de um século de exposição, os elementos arqueológicos visíveis no Porão poderiam ser, finalmente, datados segundo bases lógicas e aceitáveis pela arqueologia do século XXI.

Isso nos permitia entender a sequência de eventos estruturais evidenciada no Porão e forneceu uma base firme para considerar sua interpretação em termos estruturais, sociais e econômicos. Entre 2009 e 2010, entretanto, reformas nas instalações modernas do Porão criaram duas novas oportunidades para avançar a compreensão do sítio.

Na década de 1950 uma caixa de madeira foi enterrada no chão da "casa" (a Estrutura 1, portanto) para comportar um grande fragmento do encanamento cerâmico encontrado em escavações anteriores. Em 2009 ela estava tão apodrecida que precisou ser trocada. A remoção daquele objeto de madeira estragada do século XX permitiu-nos registrar as seções expostas sem que fosse necessário realizar mais escavações e, claro, revelou também o que estava sob sua base, que calhou de ser o leito rochoso natural.

Tudo isso nos permitiu perceber, sem precisar escavar, que o solo dentro da Estrutura 1 tinha uma profundidade considerável, e mostrou também que a parede a leste da "casa" (Parede 2) assentava-se diretamente sobre a superfície rochosa. Isso abria a possibilidade de que a Parede 2 fosse, originalmente, mais antiga do que os trabalhos em pedra da época das Cruzadas que havia nela.

A madre superiora considerou essa descoberta um sucesso e, em 2010, ofereceu-nos a oportunidade de remover o piso de concreto da Estrutura 1, feito no século XX e severamente danificado, antes de assentar um novo piso na mesma área. Isso nos deu a chance de remover todo o concreto e o entulho moderno que formava a base subjacente ao piso.

Ao remover com cuidado todo o piso rachado e, logo em seguida, a base de entulho, atingimos o que parecia ser uma moderna plataforma de concreto. Ela foi alcançada a meia distância entre a principal parede escavada na rocha (Parede 1) e a parede construída que incorporava dois arcos da época das Cruzadas erguidos no lado leste da casa (Parede 2).

Ao fim dessa plataforma havia uma faixa de algo que parecia ser solo poeirento entre ela e a Parede 1. Depois de limparmos com pincel, ficou óbvio que se tratava de um outro piso moderno de concreto. De início, consideramos ser possível reaproveitá-lo, poupando as freiras dos custos e da mão de obra de ter de assentar um novo. Mas, à medida que o limpávamos, ficava claro que também estava tão rachado e quebradiço que já não servia mais para nada. Ficou evidente o porquê de as irmãs terem-no reformado.

Um batente de concreto, porém, permanecia um enigma. Tinha a aparência de ser do século XX; posteriormente, pesquisando nos arquivos do convento em busca de alguma pista a respeito de sua função, encontrei uma fotografia que registrava um uso religioso do Porão em meados do século XX. Lá estava o piso de concreto, novo em folha, e o batente. Ele fora construído para um altar moderno, com os fundos para a Parede 2.

O batente parecia ser sólido o suficiente para ser reutilizado, mas o piso nem tanto. Assim, em concordância com a madre superiora, decidimos remover também esse segundo piso moderno.

Ao fazermos, encontramos a já esperada base de entulhos. Como de hábito, incluía muito lixo do século XX, como pedaços de fiação elétrica e um crachá de plástico em que se lia "Canadá". Essa camada, contudo, não tinha argamassa, e seria mais adequado assentar o novo piso em algo mais sólido.

Tentamos novamente remover a base, e dessa vez continuamos descendo até percebermos que havíamos chegado ao aterro da escavação de Senès na "casa". Nesse momento, claro, paramos de cavar.

Embora fosse um depósito do século XX, conhecíamos essa camada. Além disso, não havia como saber sua profundidade, exceto pelo fato de Senès ter tido o cuidado de não quebrar o teto da tumba mais abaixo.

E assim surgiu um imenso buraco escavado no interior da Estrutura 1. Os jornalistas pensavam que nós estávamos realizando uma escavação, mas na verdade não era nada mais do que uma tentativa de retirar pisos de concreto estragados e suas bases para assentar um novo na "casa". Tudo o que foi removido era claramente depósitos do século XX.

Mas nesse processo conseguimos expor bem mais da Parede 1, mais do que estava visível em 2010, e que não era visto havia décadas – na verdade desde as escavações de Senès. Também apareceu um fragmento sobrevivente da extremidade leste da abertura da caverna natural da qual a Parede 1 tinha sido formada.

Algo que foi particularmente excitante é que junto à passagem para a Chambre Obscure havia uma pequena porção do piso original da Estrutura 1 (cf. Figura 5.3). Era constituído de calcário triturado e pedaços grandes do mesmo material.

Incrustado na superfície desse piso, achamos um caco de panela cerâmica (cf. figuras 5.4 e 5.5), fragmento do mesmo tipo de recipientes culinários do período romano que havíamos encontrado no vale. No canto sul do mesmo recorte (ou seja, a escavação de Senès), uma pequena porção da rocha natural estava exposta, incluindo pedaços de pedra circundados por calcário triturado mais macio. Estava claro que a escavação de Senès havia seguido bem fundo até a passagem, mas parou imediatamente antes dela. Incrustado no calcário triturado estava outro caco cerâmico de um recipiente culinário do mesmo tipo já encontrado.

Ou seja, os dois únicos objetos associados a essas camadas eram, ambos, pedaços de panelas do período romano. Recipientes dessa natureza começaram a ser produzidos no início do período romano, logo o piso – e muito provavelmente a estrutura onde se encontrava – deveria ser do mesmo período ou posterior (cf. Figura 5.6).

É importante salientar que as duas superfícies onde esses cacos estavam incrustados haviam sido expostas por Senès em 1940. Em 2010, nós apenas removemos o depósito que havia sido lançado sobre elas após a escavação. Contudo, embora seja possível que os tenha visto, ele foi incapaz de reconhecer a importância do piso e dos cacos cerâmicos, ainda que tivesse recolhido outros objetos encontrados durante a escavação – entre os quais uma fusaiola[1] e fragmentos de recipientes de calcário (cf. Figura 5.7).

O entusiasmo de encontrar o que era provavelmente o piso original do período romano da Estrutura 1 fez as freiras mudarem de ideia. A madre superiora decidiu preservá-lo com cuidado e mantê-lo em exibição, e assim foi feito (enchendo o restante do corte até mais ou menos aquele nível). Hoje, o fragmento do piso original está cercado por uma barreira de cordas e pode ser visto pelo público que visita o Porão.

5.1 A caminho de uma nova compreensão

As pesquisas arqueológicas realizadas no convento entre 2006 e 2010, especialmente no Porão, levaram a uma nova compreensão das datas e da interpretação dos vestígios escavados. Pela primeira vez, tudo isso poderia fundamentar-se com base na arqueologia e na lógica do século XXI.

5.1.1 Evidências sólidas como rocha

Registrar os elementos talhados na rocha em muito maior detalhe do que antes fora feito abriu a oportunidade de novos *insights* com relação à sequência estratigráfica do Porão. Conquanto muitos daqueles vestígios tivessem sido notados pelos investigadores que nos precederam, a importância da relação entre eles não foi reconhecida. Em parte, porque os arqueólogos não tinham consciência da possibilidade de obter informações estratigráficas a partir de evidências como aquelas.

Na arqueologia, normalmente se recupera a sequência estratigráfica por meio da observação da superimposição (ou seja, uma camada sobre a outra) e de elementos como poços e buracos de postes que cortam as camadas de modo transversal. Um método relativamente diverso pode

---

1. Peso ajustado a um fuso para ajudar a manter sua velocidade de rotação enquanto o fio está sendo fiado [N.T.].

ser empregado para extrair esse tipo de informação da rocha talhada. Esse procedimento está fundamentado nos mesmos princípios, mas é óbvio que não pode se basear na superimposição da mesma maneira de quando se está lidando com solo.

Uma sequência torna-se visível quando um corte na rocha alcança parte de um outro elemento escavado na rocha. Um exemplo hipotético: se a escavação de um poço A, com forma abaulada, atingir outro poço B e remover parte de sua lateral, é possível dizer que A é posterior a B. Nesse sítio específico, se o átrio de uma tumba escavada na rocha remove parte de uma parede que obviamente chegava até lá antes de ser cortada, o átrio deve ser posterior à parede. Esse mesmo tipo de raciocínio tem sido empregado na reconstituição da sequência construtiva das famosas igrejas talhadas na rocha de Lalibela, na Etiópia.

Entender a paisagem é igualmente importante para interpretar a evidência arqueológica do sítio do convento. Mas essa prática havia sido desprezada por todos os pesquisadores precedentes. Senès sabia que a "casa" era escavada na encosta de um monte, mas jamais levou em consideração a forma desse monte, a não ser na reconstituição do edifício.

No capítulo 2 vimos que um uádi era o elemento natural dominante no que hoje é o centro da Nazaré atual, mas escapou ao olhar de todos aqueles que haviam estudado o sítio das Irmãs de Nazaré, que esse rio sazonal corria imediatamente a leste do atual convento.

A superfície rochosa natural visível no declive do Porão desce em direção sul, de modo que o quintal do convento fica localizado no topo de um monte que lá existia no século I. Foi nesse cume que as cisternas adjacentes à Grande Caverna (e que continham os frascos de vidro datados entre o século I a.C. e o I d.C., discutidos no capítulo 3) foram escavadas.

Esse monte descia abruptamente até o sul do que hoje é o Porão. Em sua encosta sul, na parte sul do Porão atual, havia uma Pequena Caverna (cf. Figura 5.8), cuja entrada está visível, hoje em dia, a leste da Tumba 1.

Esse monte também deve ter tido um declive na direção leste, pois havia uma outra caverna em seu lado leste, cujo teto só foi preservado em algumas partes da principal parede cortada na rocha (a Parede 1 da "casa"). Essa parede havia sido formada pela redução da caverna, trabalhando no sentido leste-oeste e produzindo um terraço aparentemente plano a leste da Parede 1.

Esse processo de corte da caverna empregou de modo particularmente perspicaz o *layout* natural, a topografia. Produziu uma parede de pedra vertical que chegava à altura da cabeça a oeste, bem como faces verticais de rocha no sentido leste-oeste, onde o corte adentrou a encosta do morro a norte e a sul. Para criar uma parede mais ao sul, só foi necessário reduzir a face correspondente do morro.

Terminado esse trabalho, a Chambre Obscure (em sua forma original) foi construída escavando-se uma passagem pela face vertical da rocha a norte. Restam, portanto, duas possibilidades. A área aberta da Chambre Obscure, a câmara em si, poderia já existir como mais uma Pequena Caverna natural. Abrir nela uma passagem produziria um outro espaço sem grande esforço. Ou então ela pode ter sido escavada a partir da passagem e, possivelmente, do seu canto leste.

Os componentes restantes da Parede 1 (seu fundo, ou lado oeste, e a estranha saliência rochosa em seu canto noroeste) são igualmente explicados por essa nova análise. O monte havia sido cortado por trás da Parede 1 para criar uma parede de rocha autônoma, muito mais forte do que as de pedras com argamassa utilizadas nas casas da Galileia do período romano até o século XIX.

A Parede 1 apresentava uma parte superior mais larga, sobre a qual possivelmente existia uma outra, de pedras soltas. Quando a rocha foi cortada pelos trabalhadores, preservou-se o suficiente para talhar também uma escadaria, a qual deu acesso ao topo da parede autônoma talhada na rocha, ao nível do cume da saliência rochosa.

O topo da saliência havia sido deliberadamente aplainado para funcionar como base para algo. Dado que os degraus permitiam chegar até esse nível, é possível que tenha servido de suporte a um andar mais alto ou um teto plano feito de madeira. Com os séculos, esse piso ou o teto já teriam, claro, apodrecido e desaparecido completamente, de modo que tudo o que restou foram os componentes rochosos dessa estrutura.

O trabalho realizado no século XXI também trouxe novas luzes às origens da saliência. Quando foi percebido que a Parede 1 fora construída a partir de uma encosta com uma caverna natural, a saliência passou a ser reconhecida como a última parte remanescente do teto da caverna a leste da Parede 1. Uma outra parte desse teto foi trabalhada e aplainada para formar um arco sob a escadaria talhada na rocha.

A forma original do teto da Chambre Obscure, anterior à abóbada medieval que a cobre atualmente, não é conhecida. As paredes talhadas na rocha poderiam, como aquelas mais ao sul, ser abertas e cobertas com um teto de madeira, ou a rocha natural pode ter sido mantida na forma de um forro.

Quando os pisos de concreto do século XX, bem como suas bases, da Estrutura 1 foram removidos, descobrimos também que um último fragmento remanescente da abertura natural da caverna ainda existia. Encontrava-se imediatamente junto ao lado oeste da passagem no sentido norte que leva à Chambre Obscure.

Manter o bastante da saliência rochosa para servir de apoio a um andar superior, ao mesmo tempo que a caverna era escavada, demandou considerável *know-how* de cantaria e das propriedades estruturais da rocha. Tal habilidade também se faz evidente na moldagem do teto da caverna para formar um arco sob a escadaria.

Quem quer que tenha construído a Parede 1 e sua escadaria era um pedreiro particularmente talentoso.

Quando as freiras a descobriram, a abertura na Parede 1 estava obstruída por uma parede de pedras soltas, e havia lá duas sucessivas paredes de pedra construídas no topo da parede talhada na rocha. Elas foram, claro, reconhecidas inicialmente pelas freiras durante a escavação. É fácil, contudo, entender por que pesquisadores precedentes do sítio não reconheceram os demais elementos. Eles nem sequer tinham consciência de que *havia* uma caverna nessa parte do sítio.

Como consequência, nosso trabalho levou a uma nova compreensão sobre a origem e a função dos elementos talhados na rocha naquilo que desde o século XIX era chamado de a "casa". Comprovamos que esses elementos de fato indicavam uma estrutura, a Estrutura 1, a qual demonstramos ter sido parcialmente construída com o corte da encosta de calcário do monte para formar uma plataforma nivelada e com a modificação de uma caverna natural. Logo, a Estrutura 1 foi construída e utilizada a céu aberto, e não de modo subterrâneo. Sua inclusão atual no Porão cria, portanto, uma falsa impressão a respeito do seu contexto paisagístico original.

O calcário local é relativamente macio e podia ser trabalhado com facilidade, mesmo com o uso de simples ferramentas de ferro, ao mesmo tempo que era durável o suficiente para aguentar os invernos galileus. Ao empregar essas propriedades da rocha, é possível que um pedreiro bem talentoso houvesse formado uma estrutura de dois andares a partir da encosta do morro, algo que exigia esforço bem menor do que construir um edifício equivalente usando pedra e argamassa.

Provavelmente porque o morro não era suficientemente alto para fazer paredes inteiramente talhadas na rocha, uma parede talhada mais baixa foi descoberta. Caídos deste elemento, e encontrados no local de sua queda, estavam os restos desabados de uma parede de pedras soltas. "Paredes tombadas" desse tipo são um lugar-comum nos sítios arqueológicos (cf. Figura 5.9), e aqui provavelmente indicam que uma parede de pedras soltas foi construída acima da parede talhada na rocha adjacente, que dava seguimento à linha da Parede 1 na direção sul. Esta última havia sido posteriormente cortada, seja para coletar pedras ou para construção de tumbas.

Descobrimos também dois outros trechos até então desconhecidos da parede talhada na rocha. Um deles estava muito malpreservado sob a parede com argamassa imediatamente a leste da Chambre Obscure. Pouco resta dessa construção, que pode ter sido tanto uma continuação da parede da Chambre Obscure quanto uma construção separada a leste.

A outra parede encontrava-se a noroeste da Parede 1, na base da parte norte da parede do Porão construída no século XX. Essa parede aparenta ser similar às outras e contínua à Parede 1. Ela sugere, portanto, que havia uma outra área amuralhada imediatamente a oeste da Parede 1 e a sudoeste da Chambre Obscure.

Graças à existência do moderno edifício do convento, não está bem claro como essa continuação ocidental da Parede 1 relaciona-se à encosta do morro mais acima. Pode ter sido autônoma, como a Parede 1, ou um corte na face já talhada da encosta – uma ornamentação arquitetônica, talvez, ou para pegar um revestimento de pedra solta. Não importando qual das duas opções se prefira, o fato é que a parede obviamente continuava na direção oeste, até o atual Porão.

Essas paredes sugerem que a estrutura talhada na rocha que incorporava a Parede 1 era maior do que se imaginava. Mas não foi apenas isso que o novo olhar lançado sobre as evidências dos trabalhos na rocha e as formas superficiais da rocha anteriores ao corte nos revelaram a respeito do sítio. Há ainda mais uma, e talvez mais significativa, evidência no lado sul do Porão.

Trata-se de uma série de elementos escavados na rocha na área imediatamente ao sul das paredes talhadas que acabamos de descrever. A princípio, eles pareceram intrigantes. Consistiam em uma plataforma rasa a norte do declive abrupto da encosta do morro, sobre a tumba com a pedra rolante (a qual, segundo nossa terminologia para o sítio, chamamos de Tumba 1). Mais acima tem-se uma série de cortes mais ou menos retangulares na face vertical do calcário natural, um dos quais possui um *stock*[2] rochoso relativamente retangular projetando-se a sul.

Esses elementos são semelhantes aos cortes na rocha encontrados em pequenas pedreiras do período romano, tanto na própria Nazaré quanto mais ao norte. Logo, a melhor interpretação para elas é a coleta de pedras. Mas essa atividade já havia consumido parte do canto sul da Estrutura 1, de modo que tinha de ser obviamente posterior àquelas paredes.

Esses cortes para coleta de pedras foram, eles mesmos, cortados por um outro corte, bem maior e quase retangular: o do átrio da Tumba 1. Isso significa que as paredes talhadas na rocha da plataforma que formavam a área nivelada no alto da encosta eram as mais recentes. Elas foram posteriormente cortadas pelos pedreiros, e depois o átrio da tumba destruiu parte desses cortes.

Essa interpretação foi confirmada por evidências encontradas imediatamente a oeste. A parede talhada baixa que seguia a linha da Parede 1 era sobreposta pela "parede tombada" que já descrevemos. Sobre isso havia uma camada de solo e, mais acima, uma superfície um tanto plana de argamassa – um piso, é provável. Tanto esse piso quanto a camada de solo haviam sido cortados.

Não sabemos ao certo como isso aconteceu, mas o sul da parede talhada na rocha e parte da parede tombada haviam sido cortadas por um outro corte, maior, aproximadamente retangular, mais ao

---

2. Grande massa de rocha ígnea que se projeta através de outros estratos [N.T.].

sul. É possível que seja um átrio para mais uma tumba escavada na rocha a oeste, ou sob a parede oeste do atual Porão, ou pode ser também uma extensão posterior do átrio da Tumba 1.

A Tumba 1 é especial o bastante para permitir uma datação aproximada. Como vimos no capítulo 2, tumbas escavadas na rocha podem ser divididas em dois grupos, conforme as características do seu *design*. É possível vincular, de alguma forma, esses grupos a períodos temporais por meio da comparação com literalmente milhares de tumbas escavadas. Assim sendo, muito embora essas tumbas tenham sido utilizadas por um longo período, desde muito antes dos romanos até os bizantinos, exemplares datados dos períodos romano inicial, romano tardio e bizantino apresentam características bastante particulares. Ou seja, se formos capazes de identificar essas tais características na construção de uma determinada tumba, não é difícil que possamos atribuí-la uma datação aproximada.

A Tumba 1 apresenta diversas dessas características. Em primeiro lugar, estava selada por um grande disco de pedra. Embora exemplares menores fossem utilizados para selar tumbas tardo-romanas e bizantinas, os maiores limitam-se ao período anterior ao século II d.C. Com base nessa evidência, a Tumba 1 deve ser anterior ao ano 100 d.C.

Ela também possui um nicho interno de cume arredondado ao lado da entrada. Estruturas assim eram típicas das tumbas judaicas do início do período romano – consistente, portanto, com a data proposta a partir do grande disco de pedra.

O problema é que a construção dessas tumbas provavelmente só teve início na Galileia em meados do século I d.C. Desse modo, é possível que a datação Tumba 1 possa situar-se entre meados e fins do século I d.C. Estruturas semelhantes foram escavadas fora de Nazaré, em Migdal ha'Emeq, mas os detalhes da Tumba 1 diferem tanto das tumbas bizantinas no mesmo cemitério quanto das romanas e bizantinas em outras partes da Galileia.

Se a Tumba 1 pertence a fins do século I d.C., as marcas da extração de pedras que seu átrio cortou podem datar, no máximo, do século I d.C. E se essa extração, por sua vez, é posterior à Estrutura 1 a seu norte, que claramente seguia no sentido sul até chegar a essa área, como indica a parede talhada na rocha, a Estrutura 1 não pode ser posterior ao fim do século I d.C.

Como já vimos neste mesmo capítulo, o trecho de piso na Estrutura 1 continha um fragmento de panela cerâmica, de um tipo manufaturado exclusivamente a partir do início do século I d.C. Se o piso está associado à Estrutura 1 e não pode ser mais recente do que essa data, e se a Tumba 1 não pode ser posterior ao ano 100 d.C., então toda a sequência de paredes talhadas na rocha, a extração de pedras e a Tumba 1 devem pertencer ao século I d.C.

A mesma lógica do corte das pedras também esclarece a sequência no norte do Porão. Lá, os lóculos (nichos para abrigar cadáveres) ao sul da Grande Caverna são característicos do tipo encontrado em tumbas escavadas na rocha. Mas, se o sul da Grande Caverna era uma dessas tumbas, onde está seu lado norte?

Há vestígios de cortes na pedra em seu piso – o assim chamado "Túmulo do Bispo", que continha o anel mencionado no capítulo 3 – e um outro corte bem fino e enigmático a leste. Olhando para esses elementos à luz dos novos e mais detalhados registros, foi fácil entender o que havia ocorrido. A Grande Caverna tinha sido construída pelo corte, do lado norte, de uma tumba escavada na rocha mais antiga.

Tomaram-se precauções para que os túmulos nos lóculos não fossem atingidos. Desse modo, o "Túmulo do Bispo" acabou ficando no piso da Grande Caverna, e o lóculo encontrado pelas freiras a sul da caverna, também mencionado no capítulo 3, em seu lugar. Outros elementos enigmáticos encontrados em outras partes do piso da caverna eram nada mais do que vestígios do antigo contorno da rocha escavada.

Essa tumba escavada mais antiga, obviamente, deveria ter uma entrada, e o único lugar possível para sua localização era a atual entrada da Grande Caverna (dado que todos os outros lados eram rocha virgem). Tal fato também faz sentido, pois a entrada nesse espaço estaria localizada no declive da encosta leste do morro.

Muito pode ser aprendido sobre como a Grande Caverna foi construída. As cisternas a leste da Grande Caverna eram acessadas a partir da caverna por uma câmara mais ou menos retangular e a cisterna do sul por uma passagem aberta na rocha. Essa passagem demonstra que as cisternas estavam em uso concomitantemente à Grande Caverna, pois só seria possível chegar até elas quando estivesse construída.

Contudo, como já discutimos, a cisterna mais próxima à entrada da Grande Caverna continha cacos de frascos de vidro datados entre fins do século I a.C. e o I d.C. Estava, portanto, sendo usada antes da construção da Grande Caverna. E parece-nos provável que algo semelhante estivesse ocorrendo com a cisterna ao norte.

A presença de cisternas escavadas na rocha nessa parte do sítio pode explicar um aspecto relativamente intrigante da própria Grande Caverna. Como mencionamos no capítulo 3, o teto da caverna, junto ao seu canto norte curvado, tem uma entrada circular bem talhada, que muito provavelmente deveria funcionar como entrada de luz, deixando que o sol entrasse numa caverna muito escura, como ocorre até hoje. Todavia, a entrada e a parte curva do teto se parecem também com a forma característica das cisternas escavadas na rocha na Nazaré do período romano.

É possível, portanto, que o canto norte da Grande Caverna tenha sido modelado a partir de uma cisterna preexistente. Desse modo, sua entrada de luz seria uma versão aumentada da abertura utilizada para coletar água do reservatório.

Combinando essas observações, é possível sugerir uma sequência para a parte norte do Porão. Primeiro havia as cisternas, reservatórios para juntar água associados à ocupação do cume do morro em fins do século I a.C. ou no início do século seguinte. Posteriormente, uma tumba judaica foi escavada na rocha no sopé do morro, com sua entrada voltada para leste. Ela também continha frascos de vidro do mesmo período, mas é improvável que tenha sido construída enquanto a ocupação ainda existia.

Ambos os diferentes usos do morro provavelmente datam do período romano inicial. Então, a julgar pelas moedas encontradas lá dentro, a Grande Caverna foi construída no século IV. É possível que seu posicionamento tenha sido executado no intuito de tirar proveito das antigas cisternas e da tumba. É interessante notar que seja quem for o construtor da Grande Caverna, ao talhar na rocha um espaço usado como (e talvez construído para) uma igreja cristã, respeitou e preservou os enterramentos judaicos na tumba.

Há, portanto, evidências para as atividades durante o século I tanto no sul quanto no norte do sítio. Ainda é possível identificar no Porão dois outros elementos escavados na rocha e datados do mesmo período, embora bem menos claros do que os demais.

5.1.2 Possíveis poços

A capela escavada na rocha encontrada pelas freiras no lado leste da Tumba 1 tem uma forma estranha para um local de adoração cristão. Seu teto é abaulado, suas paredes curvam-se suavemente para dentro. Não existe nenhum óbice religioso para que uma capela tenha essa conformação, mas, com base nesse perfil, Bellarmino Bagatti questionou se não havia ocorrido a reutilização de um poço de armazenagem escavado na rocha durante o período romano.

A construção dessa câmara, contudo, havia destruído o lóculo leste da Tumba 1, com exceção de suas aberturas para a câmara central da tumba. Consequentemente, se fosse um poço de armazenagem do período romano, deveria ter sido bem raso e somente aumentado até chegar ao seu atual tamanho quando passou a ser utilizado como capela (caso contrário teria de ter sido posterior à tumba). Como a ocupação de um lugar de enterramento era proibido pela lei judaica, a segunda opção parece ser improvável. Sendo mais raso, a semelhança de seu perfil com o de um típico poço de armazenagem da Nazaré da época romana estaria enfraquecida.

É, pois, improvável que a capela a leste da Tumba 1 tenha se originado de um poço de armazenagem. Ela foi provavelmente construída já como uma capela cristã, seja no período bizantino, seja no das Cruzadas. Há, porém, um outro elemento que pode muito bem ser um poço daquele tipo.

Quando Senès escavou a Chambre Obscure, ele encontrou um poço escavado na rocha do piso da câmara. Embora tenha precisado abandonar a escavação dessa parte por receio do colapso das rochas, seu desenho dessa seção mostra que tinha um perfil semelhante ao dos poços de armazenagem do início do período romano na Igreja da Anunciação. De fato, a Chambre Obscure – uma câmara pequena, sem janelas, escavada na rocha – parece perfeita para estocar alimentos ou demais itens perecíveis em um ambiente frio e seco, de modo que fazia sentido existir uma estrutura desse tipo naquele lugar.

5.1.3 Possíveis paredes do século I

Além das rochas talhadas havia também, claro, paredes construídas preservadas no Porão. A maioria delas certamente datava do período das Cruzadas, como demonstram as típicas marcas oblíquas dos cinzéis do século XII (as "marcas diagonais"), assim como aspectos arquitetônicos medievais bem característicos. Elas foram encontradas em diversos edifícios com datação segura, entre os quais a versão dos cruzados da vizinha Igreja da Anunciação. Mas há lugares onde é possível que paredes mais antigas tenham sido preservadas.

Durante a restauração da caixa que continha o encanamento cerâmico, descobrimos que a Parede 2 fora construída diretamente sobre a superfície rochosa (cf. Figura 5.10). Algumas de suas porções superiores, contudo, certamente continham blocos construtivos cuja finalização apresentava marcas diagonais. Não restou dúvida, portanto, de que partes da Parede 2 pertencem ao século XII. Mas a maior parte dos blocos usados nela não apresenta nenhuma marca diagonal ou qualquer outra característica tipicamente medieval.

De fato, quase toda a parte norte da Parede 2 teve construção diversa da parte sul. Lá, o único lugar onde aparecem marcas diagonais é em duas grandes pedras horizontais que formam a base de uma janela, que é, ela própria, claramente medieval.

A linha de grandes pedras ao longo do seu topo, a janela e toda a parte sul da parede poderiam ser, portanto, adições tardias em uma versão mais antiga da Parede 2. Uma vez excluídos esses acréscimos tardios, nada mais resta de claramente medieval nessa forma mais antiga da parede.

Somente isso não basta como prova de que a primeira versão da Parede 2 é necessariamente pré-medieval, da mesma forma que não pode provar que seja medieval. Como é óbvio, se sua base está diretamente na rocha virgem, não tem como oferecer mais evidências.

Há, entretanto, indicações de que a porção norte da Parede 2 pode anteceder em muito à época dos cruzados. Diferentemente da parte sul, ela foi construída com calcário irregular e cortado de forma grosseira, com grandes pedras mais embaixo espaçadas por outras verticais, um estilo construtivo que difere do sempre reconhecível usado na parede medieval no convento.

Ainda assim, a porção norte da Parede 2 é semelhante a uma das paredes na casa do período romano escavada no sítio próximo ao IMC. Essas similaridades podem ser coincidências, mas também podem indicar que a parte norte data do período romano inicial. Curiosamente, o uso medieval dessas paredes mais antigas é atestado em outras partes da Galileia – incluindo no sítio do IMC.

É, portanto, impossível dizer se a Parede 2 é uma construção inteiramente do século XII ou se a princípio consistia em uma parede do período romano inicial – nesse caso, pode-se presumir que fosse a parede leste da Estrutura 1. Essa interpretação é favorecida pelo fato de a parede sul talhada na rocha da Chambre Obscure terminar mais ou menos onde começa a Parede 2.

Também deve ter havido componentes construídos na Parede 1. Um deles pode ter sido mencionado por Senès em suas notas inéditas. Ele observou que a parte interna da Parede 2 se parecia com a parede que bloqueava a caverna natural quando passava sob a Parede 1. Infelizmente foi o próprio Senès quem escavou essa parede de obstrução, e o que lá se encontra hoje é uma substituição moderna.

Seria muito surpreendente se originalmente não existisse nenhuma parede de bloqueio obstruindo a abertura da Parede 1. Tudo o mais que sabemos a respeito dela mostra que foi erguida com cuidado. Nesse contexto, é sem dúvida inacreditável que deixassem um buraco em sua base.

É, portanto, possível que Senès tenha removido uma parede pré-medieval, ou mesmo do século I, que bloqueava a entrada da caverna e estava na base da Parede 1. Mas não sabemos nada a respeito dessa parede, a não ser que se parecia com a parte interior da Parede 2.

Da mesma forma, a mais antiga parede de pedra que ficava no topo da parte talhada na rocha da Parede 1 pode ter pertencido à construção original. Sua versão atual é majoritariamente construída com calcário desigual, mas inclui pedaços de basalto negro-acinzentado, nódulos de pederneira e um fragmento triangular de uma laje de calcário quebrada.

Não há nada de necessariamente medieval, ou mesmo bizantino, nessa parede. Tampouco existe qualquer coisa que sugira uma data mais recuada. Pode, inclusive, ser uma substituição moderna (como a parede de obstrução logo abaixo) para uma parede escavada pelas freiras antes da década de 1930.

Infelizmente, diante disso tudo, a melhor evidência de uma parede construída sobre qualquer uma das paredes talhadas na rocha é a parede tombada a sul da Parede 1. É provável que existam paredes de pedra associadas à forma original da Parede 1, mas os registros existentes de escavações antigas são insuficientes para que se diga algo sobre elas.

5.1.4 Interpretando evidências do período romano inicial

A presente análise fornece diversos elementos que provavelmente pertencem ao século I. O mais bem preservado deles (a Estrutura 1) é o cômodo parcialmente escavado na rocha formado pela Parede 1, talvez também a versão original da Parede 2, e a Chambre Obscure. Outras paredes talhadas na rocha identificadas pela pesquisa executada no século XXI também podem estar associadas a ela. A subsequente extração de pedras destruiu parte do sul da estrutura, e a ela se seguiu a utilização do sítio como tumbas judaicas escavadas na rocha.

Essa evidência de fins do primeiro século é de fácil interpretação; já as evidências da Estrutura 1 são tão fragmentares (e tão importantes para a interpretação geral do sítio), que exigem maior discussão. Para tanto, é útil reunir tudo o que sabemos sobre a estrutura.

A Estrutura 1 foi inicialmente construída com a criação de um terraço nivelado e depois com o corte da encosta rochosa na direção oeste para formar as paredes autônomas talhadas na rocha. Elas eram altas o suficiente para sustentar um teto que ficaria acima da cabeça de um adulto, e sólidas o bastante para suportar um andar superior. É possível que também houvesse paredes de pedra acima delas, mas disso não temos certeza.

A escadaria oeste da Parede 1 indica ter havido um teto que cobria o quarto mais bem preservado, estrutura essa que pode ser igualmente inferida pelo que ainda resta da saliência rochosa (cf. Figura 5.11). É também provável que o quarto tivesse um piso de calcário triturado. O formato meticuloso do que restou do teto da caverna abaixo da escadaria dá a entender que houve capricho durante sua construção – até mesmo com sua aparência final.

Uma extensão ao sul havia sido cortada pelas tumbas mais recentes, mas estava visível como a base da parede talhada na rocha da qual a parte superior da parede de pedras soltas fora casualmente preservada ao cair. A Chambre Obscure pode ter formado um espaço subsidiário, cuja entrada a partir da câmara principal dava-se por uma passagem parcialmente escavada na rocha ao sul. Ela pode ter tido um poço de armazenagem em seu piso, apropriado para estocar itens perecíveis. Outros trechos da parede talhada na rocha nos sentidos noroeste e nordeste também poderiam estar associados à mesma estrutura, embora não se tenha certeza de tal afirmação.

Fragmentos de panelas cerâmicas do período romano inicial, de recipientes de calcário e provavelmente uma fusaiola e cacos de frascos de vidro podem estar associados (com graus variados de confiabilidade) àquela estrutura. Artefatos do museu do convento incluem reboco, cuja origem pode também ter sido a fase inicial da Parede 1, sugerindo mais uma vez preocupações estéticas.

Esses achados e o cuidado tomado durante a construção apoiam a interpretação de que a estrutura destinava-se à habitação humana. É difícil considerar, a partir dessa gama de artefatos e do pouco que restou do piso, que fosse destinada a animais. Da mesma forma, nem a interpretação do uso como abrigo para a criação doméstica ou para a armazenagem de ferramentas ou da produção dão conta de explicar as aparentes preocupações estéticas.

Pelos mesmos motivos, a interpretação que a considera nada mais do que uma configuração casual de uma pedreira está fora de questão. Outras, como as que a entendem como espaço funerário ou instalação agrícola, são ainda mais inverossímeis. Tampouco existe razão para interpretá-la como um edifício religioso.

A forma que essa habitação tomou, contudo, é bem mais difícil de determinar. Se considerarmos os malpreservados trechos de parede talhada na rocha como parte de uma mesma estrutura, o resultado é uma planta virtualmente idêntica à postulada pelos consultores especialistas do projeto de reconstrução Nazareth Village para uma "casa com pátio" do século I. Seria, pois, uma moradia familiar com diversos quartos mais ou menos retangulares à volta de um pátio, com uma escada adjacente a um desses aposentos, que levava do pátio até o teto plano.

Essas casas estão bem documentadas pela arqueologia do período romano na Terra Santa. Nem sempre elas são majoritariamente talhadas na rocha, mas às vezes incorporam paredes desse feitio. A localização junto à encosta do morro do sítio das Irmãs de Nazaré, contudo, pode ter levado a um uso mais amplo dessas paredes nesse caso específico.

Ou, por outra ótica, se os trechos mais malpreservados de paredes talhadas na rocha forem desconsiderados, a moradia poderia assemelhar-se ao tipo de cabana para trabalhadores das pedreiras encontradas no vale em Moshav Zippori, como descrito no capítulo 2. Seria um tipo muito mais modesto de habitação. Nenhum dos exemplares escavados no vale tinha um andar superior, mas quem sabe esse em particular poderia ser um modelo mais elaborado, quiçá graças, mais uma vez, à sua localização.

É muito difícil escolher entre essas duas possibilidades. Em meu livro sobre as Irmãs de Nazaré, publicado em 2020, considerei mais provável a primeira opção, ressalvando que a outra era quase tão crível quanto. Em retrospecto, tenho ainda menos certeza de que seja possível escolher entre ambas com base nas evidências presentes, muito embora permaneça convencido de que são a forma mais confiável de interpretação da evidência arqueológica.

Não importando qual das duas interpretações esteja correta, há evidência de um edifício doméstico (ou seja, uma casa) do primeiro século no sítio das Irmãs de Nazaré. É possível dizermos algo a respeito de sua "arquitetura", de seus métodos construtivos e dos objetos efetiva ou provavelmente a ela associados.

É também possível reconhecer que estava em desuso antes mesmo que os túmulos fossem construídos no sítio. Quando os construtores dessas tumbas chegaram, o lugar já não era mais uma casa, e sim uma pedreira. Mas tudo isso aconteceu durante o século I, muito provavelmente implicando que deveríamos datar a estrutura (sem importar a forma como a reconstruamos) mais para o começo do século do que para o fim.

Nosso trabalho foi, portanto, bem-sucedido em registrar os elementos visíveis do Porão segundo os padrões do século XXI e em organizar os registros e achados ainda existentes de trabalhos anteriores. Uma das consequências desse processo foi demonstrar que havia uma casa do século I no sítio e, provavelmente, uma ocupação relativamente contemporânea no alto do morro que a encimava.

Nosso trabalho também conseguiu melhorar a compreensão dos usos bizantino e cruzadista do sítio. Novas informações sobre a Nazaré bizantina foram, claro, importantes para os objetivos gerais de pesquisa do meu projeto. Os períodos bizantino e das Cruzadas no sítio das Irmãs de Nazaré podem ter relevância para a interpretação da arqueologia da Nazaré do século I ainda maior do que se imaginava.

5.2 Evidências bizantinas e do período das Cruzadas

As freiras haviam fornecido todas as evidências para interpretar a Grande Caverna como uma caverna-igreja, provavelmente do início do século IV. Mas a pesquisa executada no século XXI agregou novos e importantes detalhes, o primeiro dos quais trouxe grandes implicações a respeito de como o espaço era utilizado como igreja bizantina.

Ninguém havia notado uma biqueira de vidro verde-escuro colocada na argamassa ao lado da mais setentrional das pias talhadas na rocha na parte norte da Grande Caverna. Um pequeno canal escavado na rocha seguia da biqueira até a cisterna no canto noroeste da caverna.

Como a cisterna deveria estar inacessível, é possível que essa canaleta funcionasse como um dreno. De início, algo assim pode parecer estranho, mas faz mais sentido quando recordamos que existem orifícios circulares junto à base de cada uma das pias, para que cada uma delas vertesse água na seguinte.

Diante de um arranjo dessa natureza, o líquido canalizado para a pia mais ao sul passaria pelas demais até chegar na biqueira de vidro. Por que alguém trabalharia para que isso acontecesse pode ser explicado pela geologia de Nazaré.

A água que exsudava do calcário conteria sedimentos brancos semelhantes a giz. Fazê-la passar por diversas pias possibilitaria a decantação desses sedimentos, resultando desse processo uma água particularmente pura que vertia da biqueira de vidro e a possibilidade, por qualquer motivo que fosse, de coletar os sedimentos decantados no fundo das pias.

Como vimos no capítulo 3, as freiras acharam na Grande Caverna uma camada de cinzas contendo uma lamparina de cerâmica intacta. Elas também se depararam com duas camadas de aluvião. Algumas paredes encontravam-se na camada inferior dessa argila depositada pela água; outros elementos (incluindo os degraus e a canaleta talhada na rocha) estavam mais abaixo.

Nem as freiras nem os observadores que as sucederam entenderam que todas as paredes com marcas diagonais ou elementos arquitetônicos da época dos cruzados situavam-se na camada de aluvião inferior. Tampouco compreenderam que uma face vertical de solo não escavado estava parcialmente preservada ao lado da caverna.

A sequência dos depósitos, reconstituída a partir dessa seção de solo não escavado, é a seguinte: após seu uso, o piso original da caverna foi coberto por uma faixa de 74 centímetros de profundidade de cascalho de calcário, a qual, por sua vez, seria recoberta por uma outra, de solo pedregoso, com 94 centímetros de profundidade, que viria a ser sobreposta por uma camada de 58 centímetros de profundidade de solo contendo muito carvão.

Acima dessa camada com carvão havia uma outra de argila de aluvião com cerca de 1,1 metro de profundidade – produto óbvio de um prolongado período no qual a caverna esteve inundada. Como o depósito de aluvião descrito pelas freiras tinha cerca de 1,6 metro de profundidade, era improvável que ela fosse da mesma camada. A descrita pelas freiras está registrada nos desenhos de Senès, que mostram seu topo no mesmo nível das pias escavadas na rocha. Nem o depósito de aluvião desenhado por Senès nem a camada que, no século XIX, as irmãs afirmaram ter por volta de 1,6 metro de profundidade poderia ser o depósito que chegava a 40 centímetros do teto da Grande Caverna (cf. capítulo 3).

Isso significa que houve dois episódios distintos de enchentes, cada um deles depositando uma camada de aluvião específica. Um deles foi posterior ao uso da Grande Caverna como igreja bizantina, e todas as paredes reconhecidamente datadas do período dos cruzados foram construídas nela. A segunda seguiu-se à camada de carvão que continha a lamparina de fins do século XII ou inícios do XIII.

Ou seja, a seção sobrevivente comprova duas coisas. Primeira, as freiras verdadeiramente encontraram uma camada de carvão na Grande Caverna. Segunda, de fato houve dois episódios nos quais a caverna foi inundada e ficou em desuso: um anterior e outro posterior ao seu uso pelos cruzados.

A restauração feita pelos cruzados no século XII exibe grande investimento. Isso é particularmente interessante, porque Nazaré só foi tomada pelos guerreiros ocidentais em 1099, e perdida de novo em 1187. Ou seja, essas paredes – algumas das quais tendo duas fases construtivas – foram erigidas na caverna em menos de 88 anos.

Mais ainda: o erguimento das paredes com argamassa da caverna deve ter sido custoso. Somente aristocratas, mercadores ricos e instituições eclesiais poderiam bancar construções desse tipo, seja na Europa, seja no Oriente Médio.

Tudo isso mostra que quem quer que tenha executado a restauração no século XII investiu muito esforço – e é provável que muito dinheiro – na Grande Caverna para deixá-la impressionante quanto à arquitetura. As pias de pedra na superfície da primeira camada de aluvião foram claramente utilizadas para recolocar em funcionamento a série original de pias, há muito abandonada.

Isso sugere que os cruzados estavam reformando a Grande Caverna para torná-la uma caverna-igreja outra vez. E quem executou essa ação tinha ciência de seu uso pretérito e quis retornar as pias à sua função original. Ou seja, a memória da igreja bizantina provavelmente persistira em Nazaré por todo o tempo que o sítio esteve abandonado.

Os cruzados também ergueram uma capela junto à Tumba 1, ao sul da área hoje coberta pelo Porão. Eles construíram, ou mais provavelmente reconstruíram, a Parede 2 junto à Estrutura 1 e adicionaram degraus que permitiram ao povo circular pela área subterrânea, que recobriram com uma abóbada. Estava claro que eles consideravam a tumba e a "casa" importantes – quem sabe, uma vez mais com base na compreensão bizantina do sítio.

Acima de tudo isso estava a grande igreja fundada pelas freiras. Com base na análise, realizada no século XXI, do arquivo do convento e do que restou dos elementos arquitetônicos em pedra esculpida, é possível reconstruí-la em termos gerais, ainda que seus detalhes permaneçam desconhecidos.

O trabalho de cantaria bizantino demonstra que o edifício foi construído em fins do século V ou inícios do VI (possivelmente neste último). Era decorado com capitéis de mármore branco importado, sustentados por colunas de granito. As paredes e os pisos eram cobertos com mosaicos. Ao menos parte desses mosaicos das paredes era multicolorida e incluía tésseras cobertas com ouro, que teriam reluzido sob a luz tremulante das candeias e lamparinas.

A igreja provavelmente tinha uma galeria, a julgar por alguns dos elementos arquitetônicos e pelo tamanho das colunas, que também indicam grande altura. Como nenhuma telha foi encontrada, o teto deve ter sido todo de madeira.

O lado leste da igreja a princípio apresentava três absides. Mais tarde, no período bizantino, foi dotada de uma capela lateral em seu lado sul, também decorada com mosaicos e contendo um sarcófago de pedra, provavelmente de uma pessoa de importância religiosa – um santo, talvez.

Havia um outro prédio ao norte da igreja, conhecido somente através de registros feitos pelas irmãs no século XIX. Parece ter sido uma câmara retangular com 17 metros de comprimento com uma abside do lado leste. Recebia água por meio de um canal subterrâneo oriundo da área da "Igreja Sinagoga". Dados sua planta, seu tamanho, sua relação com a igreja e a associação com a água, era provavelmente um batistério.

A igreja deve ter tido um teto abobadado (uma cripta) adjacente à caverna-igreja. Seu acesso dava-se por uma escadaria com uma entrada monumental em mármore branco, cujos indícios são um friso e outras esculturas encontradas próximas à câmara com abóbada cruzada. Aos pés da escadaria havia um vestíbulo, uma antessala, a versão original da própria câmara com abóbada cruzada, igualmente decorada com mosaicos.

Esse vestíbulo levava, por meio de um monumental arco talhado na rocha, à caverna-igreja (ou seja, a Grande Caverna) e ao longo de uma passagem (supostamente revestida de paredes) até a área hoje ao sul do Porão, na qual tanto a Estrutura 1 quanto a Tumba 1 eram decoradas com mosaicos, um possível indicativo de que eram apresentadas e consideradas como tendo importância religiosa.

Tratava-se, portanto, de uma igreja grande e imponente, dotada de uma igualmente notável cripta que incluía a caverna-igreja. Do ponto de vista arqueológico, é possível defender que tenha sido utilizada entre os séculos V e VIII, talvez até o IX, após o que caiu em desuso e a cripta foi inundada, provavelmente durante 100 anos, já que não há achados procedentes dos séculos X e XI, e só viria a ser reconstruída pelos cruzados.

A escala da igreja ainda nos confunde. Com base em suas paredes ainda conservadas e nas absides, é possível estimar que tivesse mais de 28 metros de largura e 35, ou mais, de comprimento. A famosa Igreja da Anunciação (mencionada na maioria dos relatos de peregrinos que chegou até nós) tinha basicamente a metade disso: cerca de 15 metros de largura e 18 de comprimento.

A Igreja da Anunciação foi erigida sobre o que os bizantinos consideravam um dos lugares mais sagrados do mundo: o sítio onde o Anjo Gabriel anunciara à Virgem Maria que ela daria à luz a Cristo. Se a igreja do sítio das Irmãs de Nazaré, tão próxima, era maior e tão elaboradamente decorada quanto, com mosaicos e peças de mármore, qual a razão para seu tamanho? E para estar situada naquele lugar?

A resposta para a primeira pergunta pode ser a seguinte: a igreja das irmãs era a catedral bizantina de Nazaré. Sabemos que, pelo menos desde o século V, ali ficava a sé episcopal, de modo que seu bispo precisava ter uma igreja própria. A escala e a ornamentação da igreja do sítio das Irmãs de Nazaré estariam à altura de um tal edifício. Mas, se era esse o caso, por que localizá-la ali, e não precisamente no lugar da Anunciação?

Parece impossível que uma igreja como essa pudesse ter estado bem no centro de Nazaré durante alguns séculos sem que nenhuma referência escrita sobre ela fosse produzida. Logo, vamos começar por esses textos e ver se neles há alguma explicação para o porquê de a catedral bizantina (se é que era isso mesmo) estar naquele sítio, e não no lugar da Anunciação.

5.3 Descrições escritas do sítio das Irmãs de Nazaré?

O mais antigo relato de peregrinos sobre Nazaré foi escrito por volta do século IV por uma mulher chamada Egéria. Ela descreveu uma grande caverna na qual, dizia-se, a Virgem Maria teria vivido e em que havia um poço. Por esse tempo, essa caverna já havia sido convertida em igreja.

Raros são os poços conhecidos em Nazaré. Egéria afirmou que, no tempo dela, o Poço de Maria, que se tornaria o principal da cidade, ficava fora do assentamento de Nazaré. O poço na caverna, situado dentro de Nazaré, tem de ser outro.

A menos que tenha havido uma outra fonte ainda não descoberta na área do convento, o sítio das Irmãs de Nazaré tem a única nascente em um lugar com uma caverna na área da antiga Nazaré, é provável que sua água alimentasse as cisternas e as pias da Grande Caverna. Se isso realmente ocorria no século IV (e moedas desse período foram encontradas lá dentro), é possível que tenham dado a aparência de um poço dentro de uma caverna. Mesmo hoje, a abertura que costumava permitir a retirada de água da cisterna da entrada costuma ser conhecida como "o poço".

Com base nisso, penso que Egéria estava descrevendo a Grande Caverna no sítio das Irmãs de Nazaré como seria na década de 380. Sem contar com a caverna e com as ruínas visíveis da casa do século I (Estrutura 1) e da tumba (Tumba 1), a aparência do lugar naquele momento deve ter sido a de um morro rochoso nas proximidades de um rio sazonal (o uádi).

A próxima descrição possivelmente relacionada ao sítio das Irmãs de Nazaré encontra-se em *De locis sanctis* ("Sobre os lugares santos") escrito pelo abade irlandês Adomnano de Iona em fins do século VII. Ele descreve duas grandes e imponentes igrejas no centro de Nazaré: uma é a da Anunciação, cuja localização, como já vimos, é bem conhecida; a outra estaria nas proximidades, no que seria o centro de Nazaré.

Adomnano, abade da ilha-monastério de Iona, na costa oeste da Escócia, descreve essa segunda igreja como tendo uma cripta abobadada, com um poço do qual se retirava água com roldanas. Havia também duas tumbas na cripta, e entre elas uma casa que, segundo Adomnano, teria sido onde José e Maria haviam criado Jesus.

A igreja bizantina do sítio das Irmãs de Nazaré apresenta todas as características descritas por Adomnano: era grande e imponente, estava em uso durante o século VII (embora construída anteriormente) e era próxima à Igreja da Anunciação. Tinha uma cripta abobadada contendo duas tumbas (tumbas 1 e 2) e entre elas uma casa (Estrutura 1).

Há até mesmo uma cisterna que se parece com um poço, da qual a água poderia ser puxada por roldanas. Buracos apropriados à instalação de tal mecanismo ao lado do topo do "poço" foram identificados quando registramos a elevação.

Assim sendo, a igreja do sítio das Irmãs de Nazaré é muito provavelmente aquela segunda igreja descrita por Adomnano. Se assim for, os bizantinos consideravam a Estrutura 1 o verdadeiro local onde Jesus Cristo foi criado, a residência de José e da Virgem Maria. Essa possibilidade será mais bem discutida no próximo capítulo.

Antes, no entanto, é preciso considerar o terceiro registro escrito que pode descrever a igreja no sítio das irmãs. Seu autor é um peregrino ortodoxo que visitou Nazaré por entre 1106 e 1108. Usualmente conhecido como "Abade Daniel", era um *hegúmeno*, ou chefe de um monastério no mundo ortodoxo. A exata localização do seu monastério é desconhecida, mas é possível que estivesse situado em Chernigov, norte da Ucrânia, um centro urbano que experimentava um período de especial prosperidade.

A descrição que Daniel fornece de Nazaré é, a um só tempo, detalhada e um tanto enigmática. Ele disse ter visitado uma igreja com três absides que tinha duas escadarias pelas quais era possível entrar numa caverna. Uma porta do lado oeste levava a um pequeno cômodo à direita, o qual, segundo Daniel, teria ligações com a criação de Jesus. Ele também acreditava ter visto a casa de José dentro da caverna.

Nesse ponto é possível pensar que Daniel descrevia a igreja do período das Cruzadas no sítio das Irmãs de Nazaré. Podemos considerar que a estrutura acima do solo tivesse três absides se a pequena capela a sul estivesse ou abandonada ou se o cronista considerou irrelevante a sua descrição. Por fim, a igreja do sítio das Irmãs de Nazaré efetivamente possuía duas escadarias que davam acesso à cripta e, portanto, à Grande Caverna.

Outros detalhes mencionados por Daniel fortalecem a impressão de que ele estava descrevendo a igreja do sítio das Irmãs. Por exemplo, ele afirma que a caverna a que se chegava pelas escadarias continha a tumba de São José e descreve que se coletava uma "água branca" na caverna. Claro, ele pode estar se referindo a uma das tumbas na Grande Caverna e à água que jorrava das pias ou de alguma outra fonte.

Pode ser surpreendente, portanto, descobrir que especialistas do século XX e das duas primeiras décadas do XXI eram unânimes em considerar a descrição de Daniel como sendo da Igreja da Anunciação. Há diversas razões para tal identificação – ou engano, como eu chamo.

Daniel também viu um local dentro da caverna que considerou ser o sítio da Anunciação, e diz-nos que uma igreja sobre a caverna lhe fora dedicada. E ainda afirma que a residência do bispo cruzado de Nazaré estava próxima.

Tudo isso parece descrever a Igreja da Anunciação, que havia sido construída naquele lugar sagrado por volta do século IV. Os cruzados a reconstruíram como sua catedral em Nazaré, e o palácio do seu bispo situava-se próximo dali.

Mas não é tão simples assim! A chave para entender o registro de Daniel é que ele era um cristão ortodoxo, não um católico. A Igreja Ortodoxa considerava existir duas partes da Anunciação em dois lugares diferentes. Apenas dizer que um tal lugar fora o cenário da Anunciação deixa aberta a possibilidade de que se tratasse de uma parte que não aquela representada pela Caverna da Anunciação.

Além disso, Nazaré só fora capturada pelos cruzados em 1099, meros nove anos antes de Daniel ter estado por lá. Quando se considera o tempo que se levava para erguer as catedrais ocidentais dos séculos XII e XIII, finalizar um edifício desse tipo em menos de uma década seria rapidíssimo. É difícil imaginar que a catedral dos cruzados em Nazaré, uma edificação imponente com 68 metros de comprimento e 30 de largura, estivesse pronta quando da visita de Daniel.

A evidência de que a catedral dos cruzados em Nazaré estava inacabada quando da visita, entre 1106 e 1108, provém de um peregrino inglês chamado Sæwulf, que esteve em Nazaré entre

1102 e 1103 e registrou que a Igreja da Anunciação havia sofrido dano pesado pelos muçulmanos.

É quase impossível que essa destruição tenha ocorrido após 1099, quando a dominação cruzada sobre Nazaré estava bem assegurada. Logo, a descrição de Sæwulf deve se referir à velha catedral bizantina, a mesma derrubada pelos cruzados e substituída por outra construída literalmente sobre ela. É possível que o templo bizantino tivesse sofrido estragos antes de 1099 e que Sæwulf o estivesse descrevendo.

Se interpretarmos o testemunho de Sæwulf dessa maneira, restariam somente quatro ou cinco anos para construir a catedral dos cruzados. Como é óbvio, trata-se de um período muito curto para completar um edifício com 68 metros de comprimento e ricamente decorado com arquitetura escultural – de cuja existência sabemos graças aos fragmentos encontrados durante sua escavação. Além disso, as escavações também mostraram que a catedral dos cruzados tinha uma única abside, enquanto Daniel afirma que a igreja que visitou tinha três.

Diante disso tudo, é muito mais crível associar a descrição de Daniel ao sítio das Irmãs de Nazaré. E sendo esse o caso, temos em mãos um *tour* elaborado por uma testemunha ocular do sítio em sua forma do século XII, algo inestimável por nos revelar como um peregrino, e talvez os peregrinos medievais de uma forma geral, compreendia aquilo que vemos hoje como os vestígios arqueológicos do Porão.

Tudo isso traz duas implicações fascinantes para a arqueologia do sítio das Irmãs de Nazaré. Primeira, seria uma das raras instâncias em que uma interpretação arqueológica pode ser comparada de maneira tão próxima, e amplificada por isso, à própria vivência de um peregrino de uma igreja medieval arqueologicamente escavada. Segunda, ela indica que os conspícuos elementos arquitetônicos do Porão, aos quais Daniel aparentemente se refere, devem ter sido colocados pouco depois da captura de Nazaré pelos cruzados.

Ainda que seja muito diferente de erguer uma imensa catedral do zero, essa comparação do relato de Daniel com a arqueologia do Porão demonstra o quão rápido muitos dos elementos dos cruzados devem ter sido erigidos. Esses elementos criaram a impressão de uma igreja e uma cripta alinhadas com o perfil das construções católicas da Europa Ocidental.

Citando alguns exemplos, as paredes da cripta (como se encontram hoje, dentro do Porão) estavam revestidas com cantaria no estilo dos cruzados e eram cobertas por abóbadas medievais. A reconstrução da Parede 2 pode ter sido executada para deixá-la com a aparência de uma casa europeia ocidental, enquanto a divisão da Estrutura 1 em dois cômodos menores poderia expressar a crença católica que São José e Nossa Senhora viviam separados enquanto casados.

Esse desvio criado pela reconstrução medieval, por mais que seja interessante em si, pode a princípio parecer irrelevante à identidade da igreja bizantina. Mas o ponto central desse programa construtivo era evidentemente restaurar as funções do complexo bizantino, retrabalhando-o em uma forma aceitável para os padrões medievais ocidentais.

Que a igreja visitada por Daniel afirmava incorporar a "casa da nutrição" (no sentido da criação de Jesus) pode ser relevante para a possível dedicação da igreja bizantina. Se suficiente memória do uso bizantino do sítio sobrevivera na região a ponto de identificar a função das pias na Grande Caverna e para reiterar que a Estrutura 1 e a Tumba 1 (decoradas ambas com mosaicos bizantinos) eram importantes em termos teológicos, não seria absurdo pensar que a dedicação da igreja fosse relembrada localmente.

Ou seja, a memória da Igreja Bizantina da Nutrição persistiu até fins do século XI, possivelmente entre cristãos nativos. Tal fato pode ser comparado com aquela história do século XIX, de que teria existido uma "grande igreja" e a "tumba do homem justo" naquele sítio –

é possível que fosse o lampejo final da memória da igreja da época dos cruzados, destruída 700 anos atrás. Suas ruínas podem ter alimentado essas recordações na comunidade cristã local.

Todas as fontes escritas que podem ser vinculadas ao sítio das Irmãs de Nazaré, portanto, convergem ao considerar aquele lugar a casa da Virgem Maria. Duas delas afirmaram ser o lugar onde Jesus cresceu. Com base nisso, e muito especialmente no testemunho presente em *De locis sanctis*, parece bastante provável que a igreja bizantina no sítio das Irmãs de Nazaré tenha sido a antiga Igreja da Nutrição, a mais importante igreja bizantina ainda não localizada na Terra Santa.

A análise de ser possível ter existido alguma base factual para a tradição evidenciada nessas fontes escritas (de Egéria no século IV a Daniel em começos do XII) é algo que deve ser feito somente após a discussão sobre a questão do que a arqueologia diz-nos sobre o resto da Nazaré do primeiro século. E será esse o tópico do capítulo final.

6
A arqueologia e a Nazaré do século I

6.1 Introdução

O presente capítulo reúne as evidências consideradas dos capítulos 1 ao 5 deste livro e tenta responder a uma série de questões sobre a Nazaré enquanto um lugar do século I. Embora tais questões não sejam respondidas pelas fontes escritas, a evidência arqueológica fornece uma surpreendente quantidade de informações sobre a cidade em que Jesus cresceu e trabalhou quando jovem.

Parece lógico iniciar com o que os evangelhos dizem sobre a Nazaré de Jesus. Nesses textos, a descrição mais abrangente da cidade (uns poucos parágrafos das modernas traduções) encontra-se no Evangelho de Lucas.

Se Lucas tinha qualquer conhecimento direto sobre Nazaré é algo há muito debatido pelos pesquisadores. Embora se aceite que ele escrevia sobre algo que acreditava ter sido eventos reais, alguns pesquisadores consideram que a composição de sua descrição de Nazaré recebeu as tintas do contexto cultural do oriente romano; outros afirmam que ele traçou informações limitadas, mas verídicas, sobre a localidade.

Existem, talvez, três pontos-chave a se considerar quanto ao uso da descrição que Lucas faz de Nazaré. O primeiro é a linguagem em que o texto foi escrito: o grego. Lucas chama Nazaré de uma *polis*, algo muitas vezes traduzido como "aldeia" ou mesmo "cidade", mas aparentemente o emprego dessa expressão no texto foi menos preciso.

Conquanto *polis* signifique literalmente aldeia ou cidade, em geral os evangelhos a utilizam para uma variedade de localidades, incluindo aquelas muito menores do que um grande centro urbano romano. Há que se dizer que o termo é usado para lugares (como Cafarnaum, às margens do Mar da Galileia) que noutras partes dos evangelhos são descritos como "povoados" (*κόμη*, *kóme* em grego).

Podemos inferir disso que nem o termo *polis* nem o *kóme* estavam sendo usados com precisão pelos escritores dos evangelhos. Historiadores do século XXI podem até desejar que suas fontes sejam escritas em grego "correto", mas não existe razão para supor que todo mundo nas províncias romanas do primeiro século considerasse a precisão terminológica algo essencial.

Mesmo escritores mais formais daquele período usam *polis* de modo inconsistente. O famoso escritor judeu Flávio Josefo, por exemplo, emprega-o tanto para verdadeiras cidades quanto para assentamentos menores. Ptolomeu, em sua *Geografia*, utiliza *poleis* (no plural) para diversas localidades da Irlanda da Idade do Ferro, muito embora na ilha efetivamente não existissem cidades durante aquele período.

Ou seja, podemos desconsiderar a crítica que caracteriza como indigna de confiança a descrição de Lucas com base no uso que ele faz do termo *polis*. Por outro lado, é impossível inferir qualquer coisa a respeito do tamanho, da função ou da cultura de Nazaré a partir dessa palavra.

A descrição de Nazaré como situada em cima de um morro é igualmente imprestável para nosso propósito. Trata-se de um outro ponto apresentado como evidência da inconfiabilidade de Lucas. Mas, como vimos, a arqueologia comprova a existência de atividades durante o século I no topo do morro, no terraço construído nas encostas no sítio das Irmãs de Nazaré e em uma localidade mais ou menos plana nos sítios da Igreja da Anunciação e do IMC.

É possível dizer que Nazaré localizava-se no alto de um morro, em suas encostas ou em terreno plano. Mais uma vez, esse trecho do relato de Lucas nem pode ser utilizado para comprometer sua credibilidade, nem contribui para reconstruir a Nazaré do século I.

Por fim, chegamos à muito debatida questão da descrição que Lucas apresenta de Jesus lendo na sinagoga de Nazaré. Imensas controvérsias têm oposto gerações de especialistas bíblicos e arqueólogos sobre se realmente existiram edifícios sinagogais na Galileia do primeiro século.

Atualmente, parece que os arqueólogos chegaram a um consenso de que na Galileia do século I havia edifícios funcionando como sinagogas. Escavações recentes identificaram algumas construções dessa época, tanto no contexto urbano quanto no das vilas. O sítio chamado "Magdala", na costa oeste do Mar da Galileia, chegou mesmo a ter duas sinagogas durante o período romano.

Na qualidade de arqueólogo isso seria para mim o bastante para encerrar a controvérsia, mas há uma outra opinião a ser considerada. Jodi Magness (célebre arqueólogo norte-americano que trabalha com a Galileia dos períodos romano e bizantino) me sugeriu que "sinagoga" poderia significar simplesmente uma assembleia com propósitos religiosos, e não uma construção de verdade. Considerando que os judeus da Nazaré do século I precisavam praticar sua adoração em algum lugar, então em algum desses dois sentidos (um prédio ou uma reunião) deve ter havido sinagogas por lá.

Tal fato não nos leva muito longe no que tange ao entendimento da Nazaré do século I. Não há qualquer referência a construções de Nazaré em outras partes dos evangelhos. De fato, se descontarmos uma escarpa íngreme de onde as pessoas queriam jogar Jesus após sua pregação na sinagoga, não há mais nenhuma referência a um lugar específico na cidade.

Seja como for, os evangelhos dizem que ao menos um artesão (José) vivia em Nazaré. E embora ele seja frequentemente descrito como um carpinteiro, essa descrição não é assim tão clara. O termo grego usado para ele é *tekton* (τέκτων), ou seja, um artesão associado à construção, algo que permite a interpretação de que fosse um carpinteiro, mas poderia ser também um pedreiro (que trabalhava com pedras) do ramo da construção.

Consequentemente, o relato evangélico descreve Nazaré como tendo uma sinagoga (que não era necessariamente um edifício) e ao menos um trabalhador ligado ao ramo da construção e sua família. Como não existir alguém que construísse ou reparasse moradias seria impensável, isso também não nos diz muito sobre Nazaré enquanto uma localidade judaica na Galileia do século I.

6.2 Que tipo de lugar era a Nazaré do século I?

É comum se dizer que a Nazaré onde Jesus cresceu era uma pequena vila. Historiadores e arqueólogos chegaram a essa conclusão por duas razões. Primeira, a cidade é raramente mencionada em fontes escritas naquele período, de modo que deve ter sido bem pequena e insignificante. Segunda, o perímetro aproximado do assentamento do século I poderia ser estabelecido pela plotagem no mapa das tumbas judaicas escavadas na rocha. Os judeus dessa época quase nunca viviam em antigos cemitérios graças às interdições impostas pela lei judaica.

Em verdade, contudo, ambos os pressupostos empregados para estabelecer os limites de Nazaré são errôneos. Durante todo o primeiro milênio d.C., mesmo quando era claramente um lugar importante (era uma sé episcopal bizantina, como vimos no capítulo 2), raramente Nazaré é mencionada.

Da mesma forma, não podemos utilizar a distribuição das tumbas do período romano para estabelecer os limites da localidade. Todas as tumbas desse período em Nazaré são de tipos que podem ser datados do século I em diante. Isso tem sido usado pelos assim chamados "miticistas" (defensores da teoria de que tanto Jesus quanto Nazaré eram fictícios) para afirmar que o Jesus de Nazaré jamais existiu. Eles estão absolutamente enganados: como vimos nos capítulos anteriores, há abundante evidência arqueológica que confirma a existência dessa cidade no primeiro século, mas isso significa, de fato, que nenhuma das tumbas precisa datar das primeiras três décadas do século I.

Além disso, segundo a lei judaica do século I, inexiste a interdição de construir tumbas em assentamentos abandonados. Viver em um cemitério é que era proibido. Desse modo, tumbas posteriores podem ter sido construídas em terras que haviam estado em áreas antes ocupadas por assentamentos.

Ou seja, não se sustenta nenhum dos dois argumentos-padrão que colocam a Nazaré do século I como uma pequena vila. Isso não significa dizer que se tratava de uma metrópole fervilhante daquela época. Para que se estabeleça o tamanho de um lugar é preciso observar a distribuição das estruturas e achados relacionados ao assentamento – casas, armazéns, instalações agrícolas – e depois compará-las a outros assentamentos galileus do século I (cf. figuras 6.2 e 6.3).

Quando assim procedemos, surge diante de nós um outro retrato. As evidências do assentamento, descritas no capítulo 2 e no sítio das Irmãs de Nazaré, sugerem que parte substancial do atual centro da cidade era ocupada já no século I. Essa área vai do sítio das Irmãs de Nazaré ao lado leste do atual complexo da Igreja da Anunciação, e da Mesquita Branca, ao norte, até o sul da Igreja da Anunciação.

Assim reconstituída, a Nazaré do século I aparenta ser muito mais do que uma vila. Sua extensão abrange uma boa parte do atual centro da cidade, e ainda assim é possível que seja uma subestimativa, dado que boa parte do território para além desses limites jamais foi arqueologicamente escavada.

É igualmente elucidativo comparar o que sabemos da Nazaré do século I com o assentamento contemporâneo mais próximo: Yafi'a. Ainda que com frequência negligenciada no âmbito das discussões históricas ou arqueológicas sobre Nazaré, essa cidade está a cerca de três quilômetros a sudoeste – muito mais próxima do que Séforis. Ela tem um conjunto de atributos arqueológicos de semelhança notável àqueles encontrados em Nazaré, entre os quais jarros de armazenagem similares, tumbas e objetos portáteis, como cerâmicas.

Diferentemente de Nazaré, Yafi'a é mencionada por Josefo como uma cidade em que havia um centro de resistência judaica ao exército romano durante a Primeira Revolta Judaica. O sentido preciso da palavra "cidade" nesse contexto é, como já vimos, difícil de estabelecer, mas claro está que envolvia mais do que uma pequena vila.

Muitas escavações foram realizadas em Yafi'a, e elas encontraram muitas evidências do assentamento do período romano inicial – entre as quais um complexo subterrâneo em três níveis, com armazéns, casas, pedreiras e tumbas. Esse assentamento provavelmente só teve início entre fins do século II a.C. e inícios do I d.C. Uma série de esconderijos é da época da Primeira Revolta Judaica, muito embora nada tenha sido encontrado da muralha dupla que, segundo Josefo, foi construída pelos seus defensores.

Esse breve sumário das evidências arqueológicas de Yafi'a já deixa claras as semelhanças com Nazaré. Isso nos leva a uma conclusão surpreendente: não há razão para duvidar de que, em termos arqueológicos, a Nazaré do século I era similar a Yafi'a no mesmo período.

Josefo não chega a mencionar Nazaré, mas isso é facilmente explicável. Não havia rebeldes lutando contra Roma em cada um dos assentamentos da Galileia. É possível que tenham se concentrado em Yafi'a graças à sua localização, sobre um morro íngreme e de fácil defesa – algo que Nazaré não era.

Se Nazaré e Yafi'a eram parecidas durante o século I, que tipo de assentamento representam? Não há nada que indique terem sido grandes cidades romanas, como Séforis. Mas há um tipo de localidade muito comum em todo império do qual podem ser exemplos.

Esses lugares não tinham edifícios públicos, embora não seja impossível que tivessem um centro religioso, como um templo, uma sinagoga ou uma igreja. Eles ofertavam, contudo, uma série de serviços que atendiam às necessidades das fazendas das redondezas, como manufaturas ou o processamento das colheitas, e podem ter tido mercados tradicionais.

Nas províncias romanas ocidentais, os arqueólogos chamam esse tipo de assentamento *vici*, "pequenas cidades"; já nas orientais, elas são chamadas de "vilas grandes". Qualquer que seja a terminologia, tinham forma similar e eram extremamente comuns ao longo de todo o mundo romano.

Essa interpretação dá conta de explicar todos os atributos arqueológicos tanto de Yafi'a quanto de Nazaré. Explicaria também o padrão de assentamentos do período romano, detectado pela minha própria pesquisa no vale. Isso sugere a existência de dois padrões de pequenos assentamentos (fazendas, provavelmente): o primeiro representado por Séforis, o segundo por Nazaré.

Tudo isso já foi abordado no capítulo 2, mas façamos uma recapitulação: todos os objetos utilizados pelas pessoas nos assentamentos próximos a Nazaré (e na própria cidade) eram produzidos por judeus. Já nos mais próximos a Séforis, a produção era executada por judeus e não judeus, reflexo da natureza cosmopolita de sua sociedade urbana durante o período romano.

Isso é um forte indício de que os habitantes de Nazaré e redondezas enfatizavam sua própria cultura e identidade judaicas. Eles parecem ter resistido ativamente às forças de mercado e ao imperialismo cultural da província romana. De fato, Nazaré, Séforis e Nahal Zippori podem formar o exemplo mais cristalino, em todo o Império Romano, de gente local resistindo à cultura imperial romana.

Só isso já aponta para o fato de Nazaré ter sido mais do que uma aldeia insignificante. Era, em certo sentido, um foco para as comunidades judaicas do vale, em oposição à Séforis pró-romana. Isso pode ser igualmente percebido em termos econômicos, na forma de comunidades que evitavam o contato com Séforis e sua cultura utilizando Nazaré como centro da economia local.

Tudo isso levanta uma outra questão: Se a Nazaré do século I era um centro da economia rural local, como era essa economia? A arqueologia também oferece resposta a essa pergunta.

6.3 Como era a economia na Nazaré do século I?

A construção de terraços agrícolas, canais de irrigação e prensas confirma que a gente local investia tempo, mão de obra e outros recursos nas fazendas. Prensas de vinho e azeite atestam o cultivo de uvas e azeitonas e o processamento desses frutos. Construir tais benfeitorias e implementos provavelmente envolvia mais de uma família, dado o esforço requerido, servindo, portanto, como indicativo de unidades familiares trabalhando juntas em prol da produção.

Também havia animais de criação, mantidos como fonte de alimento e leite. O sítio do IMC oferece evidência da criação de gado bovino, ovino e/ou caprino. Esses animais também podiam fornecer couro para ser curtido, e mesmo seus chifres, cascos e ossos podiam ser usados para fabricar objetos.

Há, portanto, evidência de um regime agrícola que envolvia o crescimento das colheitas e pecuária – ou seja, aquilo que é geralmente chamado de "agricultura mista". Essa forma de produção era muito comum, em todo Império Romano e também na Galileia, onde clima e solo favoráveis (de que já falamos no capítulo 2) devem tê-la tornado particularmente produtiva.

Tudo isso levanta uma questão subsidiária, mas fundamental: Quanta produção esses agricultores eram capazes de armazenar? Os diversos pequenos assentamentos registrados em minha pesquisa e nos resgates arqueológicos promovidos pela IAA implicam a existência de uma multitude de granjas familiares. A similaridade e a variedade limitada de objetos encontrados nesses assentamentos sugerem que a gente que neles vivia tinha condições de comprar artigos manufaturados – quem sabe num mercado em Nazaré.

É possível, portanto, que os agricultores pudessem dispor de sua produção para atender suas próprias necessidades e ainda acumular excedentes bastantes para adquirir bens que eles mesmos não produziam. Isso implicava um fato: mesmo que pagassem taxas às autoridades romanas, eles nem eram arrendatários de latifundiários que ficavam com a maior parte da produção nem escravizados. Não há evidência de *villas* romanas ou de desigualdades econômicas no vale que apontem para a existência de senhores ricos.

Com base nisso, podemos visualizar a área entre Séforis e Nazaré sendo composta por fazendas de pequenos proprietários, e não de arrendatários de senhores rurais, um panorama esperado de uma zona rural do período romano onde não havia investimento social oriundo da elite. Há, contudo, evidência de extração de pedras em muito superior ao que se esperaria de um campo como esse.

Comparando os números de possíveis pedreiras da época romana próximas a Séforis com aquelas à volta de Nazaré, é notável que 12 delas tenham existido perto daquela grande cidade romana. Não é algo que causa estranheza, pois as pedras das grandes construções e das ruas comerciais de Séforis tinham de vir de algum lugar. Mas havia pelo menos metade disso (seis ou sete) nas proximidades de Nazaré.

Isso significa que devemos imaginar que a Nazaré do período romano tinha metade do tamanho de Séforis? Se assim fosse, estaríamos diante de um grande assentamento urbano, o que parece pouco provável dadas as evidências de que dispomos. Mais plausível é que as pedreiras indiquem trabalhos especializados executados pela população de Nazaré.

Comunidades rurais do mundo romano muitas vezes suplementavam sua renda com atividades variadas. Isso inclui os assentamentos que tinham economias caracterizadas pela extração de pedras – que os arqueólogos modernos denominam, de maneira apropriada, "assentamentos de pedreiras", e há grandes possibilidades de que a Nazaré do período romano fosse um deles, uma comunidade primordialmente rural em que se praticava o extrativismo para complementar sua renda.

Atividades assim trazem óbvias vantagens para esses agricultores de pequena escala. Na eventualidade de perderem uma colheita, ou se passarem por um ano particularmente improdutivo, poderiam contar com a renda suplementar advinda das pedreiras.

Evidências provenientes dessas áreas demonstram que elas eram majoritariamente utilizadas para a extração de blocos e lajes mais ou menos retangulares. O destino mais provável para tais peças é a construção de edifícios. As lajes também poderiam ser utilizadas como pavimento de superfícies externas, tais como pátios e estradas. A área de Nazaré também produzia vasos e pesos de pedra, mas isso deveria ser uma atividade de menor importância quando comparada ao corte e à modelagem dos blocos e lajes.

Tudo isso levanta uma questão intrigante: Para onde iam todas essas peças talhadas? Como vimos, Séforis tinha suas próprias pedreiras, e existe uma clara distinção entre a parte do vale com pedreiras próximas a Séforis e a outra mais próxima a Nazaré. Assim sendo, os blocos de construção não deveriam estar sendo usados por lá – em especial se o povo de Nazaré realmente evitasse o contato com os habitantes da outra cidade.

Ainda que alguns desses blocos e lajes estivessem sendo utilizados em Nazaré, o resto deve ter sido exportado. Um destino possível é Yafi'a e/ou assentamentos ainda menores da área de Nazaré, que poderiam ter criado suficiente demanda para as pequenas pedreiras da região.

Mas levar as pedras extraídas até esses clientes teria sido difícil. Não há evidência de uma estrada romana que chegasse a Nazaré, tampouco vias navegáveis capazes de transportá-las. É difícil imaginar um lugar mais isolado do que Nazaré!

Logo, os blocos devem ter sido carregados em carroças, mais provavelmente puxadas por bois do que por cavalos, que seguiam pelas vias locais. A principal forma alternativa para o transporte por terra – trenós de madeira puxados por animais – é impraticável dado o terreno irregular e pedregoso do vale, a não ser que utilizassem caminhos previamente preparados.

A extração de pedras não era, contudo, de modo algum a única atividade manufatureira que ocorria em Nazaré por volta do século I. Há indícios no sítio do IMC de que deve ter havido trabalho com vidro por lá. Seria uma atividade mais centrada na própria Séforis e em seu lado do vale, como em Moshav Zippori, e é provável que em um dos sítios identificados pela minha pesquisa realizada no vale (sítio 19). Uma série de elementos circulares (fornos, provavelmente), também em Moshav Zippori, sugere uma outra atividade baseada no calor, muito embora desconheçamos de que tipo específico.

É provável que outros objetos encontrados nos sítios da Igreja da Anunciação, do IMC e das Irmãs de Nazaré também voltassem sua produção para os assentamentos. Por exemplo, não há motivo para supor que a fusaiola encontrada na Estrutura 1, ou que o peso do tear do sítio do IMC, fossem importados. Ambas as peças, inclusive, são evidências de produção têxtil naqueles sítios, muito embora apenas voltada ao atendimento das necessidades das unidades familiares.

Nazaré deve ter sido, portanto, um foco da economia local, que incluía economia mista, artesanato e extrativismo. É possível que comunidades próximas a tenham utilizado como um centro de negócios, um lugar para conseguir produtos que elas mesmas eram incapazes de produzir. Nesse particular, esse seria o lugar ideal onde esperaríamos encontrar um *tekton*.

6.4 Vivendo na Nazaré do século I

As evidências arqueológicas são igualmente capazes de dizer como era viver na Nazaré do século I (cf. Figura 6.4). Eis seu aspecto mais significativo: tratava-se de uma comunidade agrícola judaica. Diante dos indícios, provenientes do vale e da própria Nazaré, de rejeição consciente da cultura provincial romana, é razoável supor que fosse politicamente antirromana e fortemente religiosa.

No contexto da Galileia no século I, tais atitudes exigiriam que a vida fosse governada pelos preceitos da lei religiosa e do calendário lunar judaicos. Antes da Primeira Revolta, em 66 d.C., havia a percepção de que Jerusalém e seu famoso templo eram o centro do mundo. Logo, é possível visualizarmos famílias nazarenas viajando até lá por razões religiosas, como os festivais sagrados – conforme contam os evangelhos, o próprio Jesus teria realizado uma jornada assim.

Lamparinas de cerâmica do primeiro século encontradas em Nazaré e nas proximidades copiam (e talvez até incluam) tipos da Judeia (a região de Jerusalém), algo que sugere contatos próximos. Essa proximidade pode ser igualmente inferida pela introdução de práticas agrícolas judaicas na Galileia durante o período helenístico tardio, identificada por um grande especialista israelense na arqueologia galileia, Mordechai Aviam.

É interessante que, nesse particular, as tumbas talhadas na rocha de fins do século I encontradas em Nazaré e cercanias, em Yafi'a e Migdal ha'Emeq, também seguem o modelo da Judeia. As tumbas nazarenas atestam considerável riqueza, tanto na seleção do tipo construtivo quanto nos objetos encontrados, dos quais frascos de vidro compunham os achados mais frequentes. E, a julgar por eles, eram enterros para famílias de elevado *status* social.

A presença de pessoas de elevado *status* social enterradas em tumbas de tipo da Judeia a partir de fins do século I pode ser explicada pela referência (discutida no capítulo 2) ao fato de uma das famílias sacerdotais associada ao Templo de Jerusalém ter fugido para Nazaré após a Primeira Revolta Judaica. É fácil entender por que escolheriam aquela cidade, devota e com profundos sentimentos antirromanos. A chegada dessa família – e, quem sabe, de outros judeus importantes – pode ter reforçado o já estridente judaísmo de Nazaré e, talvez, trazido mais riqueza para o assentamento.

Tudo isso aconteceu em fins do século, depois de Jesus e da cidade onde vivera. Mas ainda assim, como vimos, já no começo do primeiro século havia uma população capaz de viver bem acima do nível de subsistência, quando não rica. Suas casas (supondo que aquelas encontradas no sítio do IMC e das Irmãs de Nazaré sejam exemplos representativos) provavelmente ofereciam abrigo e conforto, protegendo tanto do frio e da chuva dos invernos galileus quanto do calor do verão.

Essas casas teriam tetos planos, que podiam ser acessados por escadarias externas, como as que encontramos no sítio das Irmãs de Nazaré. Esses telhados, e os pátios e áreas externas às casas, podem ter sido utilizados como uma extensão do espaço habitacional da moradia, como muito bem registrado em outros sítios. Também é possível que os tetos tenham sido utilizados para dormir no verão, quando o interior da casa esquentava demais.

Pode ser que o calor do verão tenha sido um problema menor para os ocupantes da Estrutura 1, no sítio das Irmãs de Nazaré, graças às suas grossas paredes de pedra. Elas também os teriam protegido muito bem contra o frio e a chuva do inverno e exigiam pouca manutenção.

Os espaços subterrâneos artificialmente criados para armazenagem e processamento da produção agrícola (como os existentes no sítio da Igreja da Anunciação) poderiam ser utilizados como abrigo contra o calor ou a chuva durante a realização das tarefas diárias, como a preparação dos alimentos, a tecelagem ou o conserto das ferramentas.

A menos que fossem mais decoradas do que as evidências atuais sugerem, a impressão dominante a respeito da aparência interior das casas de Nazaré é que teriam paredes brancas de gesso e pisos de calcário. Embora não esteja certo se havia janelas em suas paredes (não há vestígios de nenhuma delas nas paredes dos sítios em Nazaré), essa branquidão teria contribuído para clareá-las quando iluminadas por velas ou candeeiros.

Não há evidências da mobília ou de estofados (tapetes, almofadas) que as casas pudessem ter tido. Mas a lã era relativamente abundante na Galileia, quando comparada com outras áreas da Terra Santa, e a evidência arqueológica registra a presença de produção têxtil caseira na Nazaré do primeiro século. Logo, é possível que fossem mobiliadas com esses materiais, quem sabe de forma similar às casas tradicionais mais recentes daquela mesma região.

As pessoas que viviam nessas casas parecem ter tido uma dieta saudável e variada. É certo que consumiam grãos, uvas, azeitonas, azeite e vinho, além de outras frutas e vegetais. A criação de animais leiteiros, além de fornecer leite para o consumo *in natura* e o cozido, provavelmente também os abastecia de laticínios, como queijo e coalhada. Ainda, comiam carne bovina e, possivelmente, ovina e caprina. O trigo e a cevada eram moídos para fazer pão e outras comidas assadas.

Sendo uma comunidade guiada pela lei religiosa judaica, eles teriam preparado, armazenado e consumido alimentos conforme aquelas regras. Temos evidência de vasos cerâmicos de cor vermelha usados para preparar e servir as comidas. Alguns cacos de panelas em Nazaré tinham até fuligem em seu exterior, demonstrando que eram utilizados diretamente sobre o fogo.

Poços de armazenamento e cacos de vasos de armazenagem são provas de que havia excedentes produtivos e de que provavelmente havia planos para momentos de necessidade. Se cada um dos poços e das cisternas fossem mantidos cheios, é bastante provável que essa comunidade fosse capaz de livrar-se dos piores efeitos de uma colheita fracassada ou de uma seca.

Tudo isso sugere uma vida caseira relativamente confortável, que deve ter estado em contraste com o trabalho diário das mesmas pessoas. O cultivo, e seu ciclo anual, deve ter sido um outro elemento dominante da vida na Nazaré do século I.

Costurar, remendar, colher e processar colheitas devem ter sido atividades quase perenes. O solo pedregoso, embora fértil, tornava o uso do arado puxado por bois algo particularmente difícil. Após a colheita, a produção precisava ser processada e armazenada.

Os animais precisavam ser alimentados, protegidos dos predadores, mudados de um campo a outro, ordenhados e, eventualmente, abatidos. Os terraços e as prensas de vinho e azeite tinham de ser construídos e reparados.

As prensas de vinho e azeite e os poços de armazenamento na Igreja da Anunciação demonstram que algumas dessas colheitas eram trazidas à própria Nazaré para que fossem processadas. Seu tamanho implica também que esse trabalho deve ter sido comunal.

Esse último ponto pode ser importante para compreender quem utilizava essas estruturas. Carol Meyers, uma proeminente especialista norte-americana na arqueologia das primeiras comunidades judaicas, tem defendido, com base tanto nos registros escritos quanto nas evidências arqueológicas, que o trabalho feminino tinha um caráter pronunciadamente comunal durante o período romano e, mais cedo, na própria cultura judaica.

Segundo a análise de Meyers, cabia a elas buscar água, cozinhar e tecer. Mas é possível que tenham se envolvido também no processamento da colheita, usando as prensas de azeite e vinho, seja nos assentamentos nos sítios da Igreja da Anunciação, da vila de Nazaré ou das outras áreas.

Além disso, ao menos parte da comunidade de Nazaré e das redondezas engajava-se na extração de pedras, cortando blocos e lajes, e transportava-as até onde eram necessárias, como já discutimos. As ferramentas de ferro exigidas para o corte eram possivelmente feitas no próprio assentamento, o que deve implicar a existência de algum ferreiro profissional.

Tudo isso nos permite saber muito mais sobre a Nazaré do tempo de Jesus do que seria possível somente a partir das fontes escritas. Certamente põe em contexto como teria sido viver e crescer por lá. Mas será que a arqueologia é capaz de nos dizer algo específico sobre Jesus, Maria, José ou o resto de sua família?

Como um historiador e arqueólogo, minha resposta imediata seria: não. A não ser que o sítio das Irmãs de Nazaré tenha sido o local exato em que José e Maria criaram Jesus. Se isso é possível, acaba por ser uma questão bem mais complicada do que poderia parecer à primeira vista. Tentar respondê-la joga luzes sobre dois outros pontos de interesse: os limites do conhecimento histórico e arqueológico e até que ponto as memórias e a oralidade podem ser passadas de geração em geração.

6.5 Terá sido o sítio das Irmãs de Nazaré o lugar onde Jesus realmente viveu?

Podemos começar propondo uma questão simples: Sabemos nós se Jesus existiu como uma figura histórica, e não como um personagem fictício, igual a James Bond ou o Superman? Como quase todos os arqueólogos e historiadores profissionais que trabalharam com a Terra Santa durante o século I, sejam quais forem as suas crenças, creio que minha resposta seja positiva. Mas aí vem um outro problema: Temos fontes escritas confiáveis?

Céticos autodeclarados que duvidam da existência de Jesus (como os miticistas que já mencionamos) usualmente afirmam não haver evidência escrita sobre ele como uma figura histórica – e, se houver, é insuficiente. Tal ponto, contudo, significa não entender alguns poucos e cruciais fatos a respeito de documentos escritos relativos a indivíduos nas províncias do Império Romano, muito especialmente na Galileia do século I.

Dos milhões de habitantes das províncias romanas nos primeiros séculos d.C., somente uns poucos são mencionados em fontes escritas. Aqueles que o são geralmente se inserem em contextos de guerras ou de serviços prestados ao Estado romano, como ter estado no Exército ou na administração governamental. Não temos nenhum motivo para crer que Jesus tenha se inserido em qualquer dessas categorias.

Com exceção do Egito romano (onde documentos diversos foram preservados por uma combinação muito particular de descarte do lixo e condições climáticas extremamente áridas), a maior parte das evidências de indivíduos conhecidos pelo nome durante o século I do Império Romano provém de inscrições. Fora das grandes cidades, registros escritos de natureza não militar (com exceção dos grafitos) estão ligados a contextos funerários.

É muito improvável que Nazaré tenha sido uma grande cidade romana, e é quase certo que não tenha tido grandes relações com o exército ocupante. Não se conhece nenhum grafito do século I nas proximidades da atual Nazaré, menos ainda em seu centro. Tudo o que nos resta, portanto, são as lápides civis.

Inscrições desse tipo são, em especial, raras na Galileia romana. No capítulo 2 vimos que nenhuma delas pode ser indiscutivelmente atribuída a Nazaré. Essa situação não seria estranha a assentamentos civis e rurais do Império Romano, e menos ainda na Galileia.

De fato, não se conhece nenhuma lápide em honra a um artesão civil em qualquer assentamento rural galileu do século I. Consequentemente, dizer que Jesus ou José não existiram porque não há inscrições fúnebres em sua memória seria absurdo.

A essa altura, não esperaríamos que existisse nem ao menos uma fonte escrita do século I sobre a existência de Jesus. Ainda assim, e diferentemente da vasta maioria das pessoas que viveram no Império Romano, existem várias.

6.6 Fontes escritas sobre a existência de Jesus

Jesus é, obviamente, mencionado nos quatro evangelhos, no Livro dos Atos e em diversas cartas de São Paulo escritas no século I após os anos 30-33 – datas normalmente atribuídas para a crucificação pelos historiadores do século I. É normal que pensemos em todos esses textos como partes da Bíblia, mas eles foram escritos de modo independente. Só mais tarde foram combinados, unidos a outros escritos e, assim, formaram o Novo Testamento.

Existem, pois, 12 registros independentes (não somente um só) que falam da existência de Jesus como figura histórica. Eles foram escritos por pelo menos cinco (ou seis) autores diferentes: sete cartas por Paulo, provavelmente uma única pessoa para o Evangelho de Lucas e os Atos, e os demais evangelhos por outros autores. Para alguém acostumado a trabalhar com outros sujeitos no estudo do mundo romano, isso parece ser uma grande quantidade de evidência relativa a alguém proveniente das províncias romanas do século I.

Géza Vermes, historiador judeu do século XX, observou que a maioria das pessoas mencionadas nas fontes escritas da Galileia do século I só aparece em um único texto, usualmente escrito por seus seguidores ou inimigos, e não por observadores isentos ou desapaixonados.

Se partíssemos do zero e especulássemos quais evidências escritas esperaríamos encontrar se Jesus fosse uma figura histórica, elas provavelmente consistiriam em alguma referência escrita por um seguidor ou por um adversário. Mas o fato é que temos 12 delas, compostas por pelo menos cinco autores. E como as fontes históricas para a maioria dos indivíduos conhecidos pelo nome da Galileia do século I provêm de seguidores ou inimigos, não podemos desprezar esse tipo de fontes quando relacionadas à existência de Jesus (sem prejuízo de analisarmos minuciosamente o que têm a dizer) somente por terem sido escritas pelos seus seguidores.

Há também um ponto de metodologia histórica a ser considerado. Quando se trata de verificar a credibilidade das fontes, não importa se bilhões de cristãos atualmente adoram Jesus como Deus encarnado – deus esse que teria vindo à terra como um ser humano. A importância histórica de alguém não deve ser afetada pela nossa disposição em aceitar sua veracidade histórica.

Não importa que os interesses para aceitar a existência histórica de Jesus sejam mais significativos do que para atestar um rebelde antirromano sobre quem, hoje em dia, ninguém, com exceção de uns poucos especialistas, ouve falar. É uma simples questão de haver ou não provas de que tal pessoa existiu.

Conforme os padrões empregados a indivíduos "incontroversos" da Galileia do século I (inclusive outros trabalhadores da zona rural), se os evangelhos fossem tudo o que tivéssemos para atestar a existência de Jesus, eles já seriam considerados mais do que suficientes. Não obstante, para além do testemunho dos seus seguidores, existem fontes externas ao que consideraríamos atualmente como a Igreja, ou a Comunidade Cristã.

Entre os anos 93-94, apenas seis décadas após a crucificação, o escritor judeu pró-romano Flávio Josefo escreveu um livro chamado *Antiguidades judaicas*. Essa obra pode conter duas referências a Jesus; uma delas é tão controversa (certos especialistas afirmam tratar-se de uma adição parcial ou completamente inserida *a posteriori*, enquanto outros aceitam que fazia parte do original) que somente a segunda oferece evidência sólida. Ela se refere a Tiago, irmão de Jesus, hoje conhecido como São Tiago.

Podemos até mesmo acrescentar uma outra referência de um outro autor. O famoso historiador romano Tácito cita em seu livro *Anais* (15.44) um tal *Cresto* (provavelmente uma corruptela de Cristo) ao discutir as alegações de que os cristãos haviam iniciado o incêndio em Roma durante o reinado de Nero. Essa passagem é aceita como parte genuína da obra pela maioria dos historiadores do século XXI.

Ou seja, há pelo menos 14 referências a Jesus, escritas por pelo menos sete autores no espaço de um século após a crucificação. E entre os escritores há tanto crentes quanto incréus.

Tudo isso nos fornece muito mais evidências sobre a existência histórica de Jesus do que sobre a maior parte dos personagens que preenchem as páginas dos livros dedicados à Galileia do período romano. A não ser que desejemos rejeitar de pronto a maior parte da narrativa histórica aceita da Galileia romana, precisamos, pois, aceitar que Jesus foi uma pessoa que viveu naquela região durante o começo do século I. A associação entre Ele e Nazaré está igualmente evidenciada em todos os quatro evangelhos (Mt 2,23; Mc 1,9; 1,24; Lc 4,16; Jo 1,46).

Se Jesus existiu e era de Nazaré, Ele quase que certamente viveu dentro do assentamento do século I que discutimos neste livro. Seria possível que a localização exata de sua moradia fosse relembrada séculos depois? A resposta depende da relação entre a memória e nossas fontes escritas mais antigas sobre Nazaré.

6.7 Memória e fontes escritas

O registro mais antigo que afirma apontar o local exato de uma moradia em Nazaré relacionada a Jesus foi escrito por Egéria, na década de 380. Como vimos, ela afirmou que a caverna-igreja era a casa da Virgem Maria ou, pelo menos, onde esta se localizava. Como já demonstramos que a autora provavelmente se referia à Grande Caverna no sítio das Irmãs de Nazaré, é bastante provável que ela estivesse afirmando ter sido lá o local da casa de Maria.

O problema é que Egéria escreveu cerca de 350 anos após o período em que os evangelhos situam a vivência de Maria em Nazaré. Isso levanta a questão de se uma memória acurada da localização de uma moradia específica poderia ter sido preservada em Nazaré por mais de 300 anos.

Uma pergunta similar é proposta para *De locis sanctis*, escrito em fins do século VII. Lá se diz que a cripta de uma grande igreja no centro de Nazaré continha a casa onde Jesus tinha sido criado por Maria e José. Obviamente, tal afirmação pode ser uma versão tardia da mesma história mencionada por Egéria. Já vimos ser muito provável que o lugar fosse a igreja bizantina no sítio das Irmãs de Nazaré, e a casa, a Estrutura 1.

Não é impossível que uma história sobre a caverna-igreja na década de 380 estivesse sendo repetida pelos cristãos nos anos 670. Antropólogos culturais (pesquisadores que tentam compreender as culturas de comunidades vivas ao redor do mundo) já demonstraram em outros lugares que marcos físicos funcionam como uma espécie de foco ao qual memórias e histórias são apegadas.

Esse poderia ser, então, um exemplo desse processo: a comunidade cristã de Nazaré como o contexto de preservação dessa história e estimulada pela existência continuada da caverna-igreja. Dessa forma, as associações atribuídas à caverna-igreja no século IV poderiam ter chegado até o século VII. Sendo assim, será que as ruínas da Estrutura 1 não poderiam ter exercido o mesmo papel em tempos mais recuados?

A pesquisa antropológica sobre a relação entre ruínas domésticas e a memória sugere que os restos de moradias frequentemente retêm associações com famílias específicas. Da mesma forma, trabalhos historiográficos sobre a relação entre essas ruínas, casas demolidas e a sobrevivência da memória indicam que esse tipo de vestígio material pode facilitar, em vez de apagar, a preservação da memória de pessoas ou eventos, mesmo muito tempo depois de as casas em questão já terem sido abandonadas.

Ou seja, as ruínas da Estrutura 1 podem ter ajudado a preservar a memória dos seus antigos habitantes. Não há como provar com absoluta certeza que isso tenha acontecido, mas é uma possibilidade. Em uma vila do século IV d.C., numa comunidade cujos ancestrais lá viviam 300 anos atrás, não é absurdo pensar que houvesse histórias (positivas ou negativas, verdadeiras ou falsas) sobre antigos habitantes célebres, passadas de geração em geração.

Tudo isso nos apresenta o meio pelo qual uma associação genuína entre a casa e Jesus pode ter sobrevivido até a época de Egéria e, depois, institucionalizada pela edificação de uma igreja no local. Mas não garante que tenha existido. Isso depende de como entendemos a memória e a transmissão oral transgeracional de informações.

Antropólogos e historiadores têm estudado o processo de transmissão oral de informações entre gerações em outras partes do mundo, sob condições diversas. Infelizmente, diferentes estudos têm chegado a resultados divergentes. Por um lado, há pesquisadores que afirmam há muito tempo que memórias são tão facilmente manipuláveis e refeitas, que não podem ser consideradas guias confiáveis até um passado distante. É comum colocar-se o limite de 200 anos para que memórias acuradas sejam transmitidas de modo oral.

No entanto, em décadas recentes alguns antropólogos (incluindo os que trabalham em suas próprias culturas não ocidentais) têm afirmado o oposto. Usando eventos arqueológicos ou naturais identificáveis (erupções vulcânicas ou tsunamis no Oceano Pacífico, por exemplo), eles aferem a confiabilidade das tradições orais. Diversos estudos encontraram vínculos estreitos entre as histórias tradicionais e fatos cientificamente comprovados.

Como consequência, há base para uma afirmação mais peremptória de que uma memória associada ao sítio (e mais especificamente à Estrutura 1), a Jesus, a Maria ou a ambos pode muito bem ter sido preservada ao longo de três séculos e meio até ser registrada por Egéria. Por outro lado, se utilizarmos um grupo diverso de estudos, chegamos à conclusão oposta, um argumento poderoso de que a associação carece de qualquer base histórica.

A história moderna do sítio das Irmãs de Nazaré pode oferecer importantes evidências com relação à questão mais ampla de se é ou não possível que informações precisas sejam preservadas oralmente ao longo de séculos. Em 1881, quando as freiras compraram a terra do seu futuro convento, disseram a elas que o local já havia tido uma "grande igreja" e que nela havia a tumba de um santo, um "homem justo".

Como vimos no capítulo anterior, a igreja do tempo dos cruzados situada no sítio das Irmãs de Nazaré era uma grande construção, com uma tumba venerada em sua cripta (Tumba 1), junto à qual uma capela foi construída. Se a descrição do Abade Daniel se referir à mesma igreja (e vimos naquele capítulo que provavelmente o faz), então efetivamente se acreditava que essa tumba pertencia a São José, a quem os evangelhos referem-se como um "homem justo".

Parece que a memória daquela igreja e de sua tumba, incluindo a crença de que esta última pertencia a São José, sobrevivera oralmente na comunidade cristã de Nazaré até 1881. A igreja deve ter sido destruída num incêndio em 1187, e, a julgar pelas representações da cidade entre os séculos XVII e XIX, nos anos que se seguiram o local foi utilizado para construção de moradias comuns.

Não havia nem sequer ruínas que estimulassem a memória popular. Após sua destruição, a igreja da época dos cruzados não deixou nada visível até que o convento estivesse sendo reconstruído no século XX. Foi só então, como vimos no capítulo 3, que as ruínas foram descobertas muito abaixo da superfície. Se alguém sabia de sua existência na Nazaré de 1881, obteve essa informação das histórias contadas oralmente.

Se memórias acuradas da igreja dos cruzados foram passadas oralmente de 1187 até 1881 (notáveis 694 anos!), não podemos excluir a possibilidade de que uma história verdadeira sobre as ruínas da Estrutura 1 possa ter sobrevivido por tempo suficiente para ser contada a Egéria, 350 anos mais tarde. Mais uma vez, nada disso garante que tal coisa realmente aconteceu, mas sim que pode ter acontecido.

É, portanto, factível elaborar argumentos lógicos sólidos (baseados em estudos históricos e antropológicos) tanto a favor quanto contra a associação do sítio das Irmãs de Nazaré, e mais especificamente da Estrutura 1, com a vida de Jesus em Nazaré. Tudo isso pode ter sido uma recordação genuína de ruínas domésticas vinculadas aos mais famosos habitantes da vila, mas também pode ter sido uma história inventada. Não há como ter certeza.

6.8 Identificando os sítios de peregrinação

Há que se considerar também dois outros aspectos, ambos que dizem respeito a como os cristãos do século IV identificavam os "lugares santos".

A igreja bizantina no sítio das Irmãs de Nazaré é uma construção incomum na Galileia, por ter sido erigida no local de uma casa do século I. Das muitas igrejas bizantinas escavadas na região, somente uma outra tem essa mesma característica: a construída sobre a assim chamada "Casa de São Pedro" em Cafarnaum.

Na margem norte do Mar da Galileia, Cafarnaum foi o lugar em que os evangelhos sugerem que São Pedro vivia antes, e pouco tempo durante, o chamado de Jesus para que se tornasse um apóstolo. Os bizantinos ergueram uma igreja poligonal, centrada em uma casa específica do assentamento do século I, acreditando que o prédio antigo era a casa de São Pedro.

Igrejas poligonais costumavam ser usadas pelos bizantinos para indicar um local particularmente sagrado. Por exemplo, em Jerusalém existe uma delas que se acreditava ser o sítio da Ascensão, quando Jesus teria subido aos céus. Uma igreja bizantina construída sobre o Poço de Maria provavelmente tinha essa mesma forma.

Mas havia também igrejas de outros formatos usadas para marcar lugares considerados santos. Vimos isso na Igreja da Anunciação bizantina em Nazaré, onde uma basílica (de formato retangular com uma abside ao fundo) foi construída no que se acreditava ser um dos lugares mais sagrados do mundo. Ou seja, o formato poligonal da igreja não era, nem de longe, uma característica universal para locais particularmente tidos como sagrados.

O que importa na igreja de Cafarnaum, em relação ao sítio das Irmãs de Nazaré, é o fato de estar centrada numa casa específica do século I. No período bizantino, a cidade deveria estar repleta de casas antigas em ruínas. Por que os construtores da igreja de Cafarnaum escolheram justo aquela, que de resto não tinha nada de especial?

A resposta mais comumente dada é que já havia veneração cristã naquela mesma construção. Mas um dos mais importantes pesquisadores das peregrinações cristãs na Terra Santa, Joan Taylor, demonstrou cabalmente que essa veneração só teve início no século IV, não antes. A questão de por que aquela casa foi escolhida permanece, mas diz respeito mais aos cristãos do século IV do que aos bizantinos.

Essa sequência de Cafarnaum oferece um paralelo próximo para o sítio das Irmãs de Nazaré, ainda que expresso numa forma estrutural diversa. No sítio em Nazaré também encontramos evidência de veneração durante o século IV, seguida por uma igreja bizantina bem mais substancial.

Talvez os cristãos do século IV que identificaram a casa em Cafarnaum tivessem preservado uma tradição oral vinda do século I. Ou talvez tenham simplesmente se fiado em conjecturas, ou ainda se guiaram pelo que acreditaram ser uma visão mística importante ou uma outra forma qualquer de experiência religiosa.

O mais surpreendente é que, tanto em Nazaré quanto em Cafarnaum, cristãos do século IV de fato escolheram casas verdadeiras do século I para venerar. Eles poderiam ter facilmente escolhido edificações de um outro período ou propósito, ou com elementos que fossem somente semelhantes a construções mais antigas. Bem, coincidências acontecem – e talvez, em ambos os casos, pode ter havido palpites certeiros.

A probabilidade da escolha casual das ruínas de uma casa especialmente associada a Jesus, seja em Nazaré ou em Cafarnaum, depende de duas considerações. A primeira, o tamanho do assentamento do século I. A segunda, a habilidade daqueles que realizaram a escolha em identificar casas em meio a outros tipos de construções existentes na ampla variedade de ruínas do sítio.

Tomemos um exemplo hipotético: se a Nazaré do século I tivesse 20 casas (algo possível para uma comunidade com, digamos, 200 pessoas), então a probabilidade de identificar corretamente uma moradia específica seria de 5%. Se o assentamento tivesse nada mais do que 10 casas, as chances seriam de 10%.

Esse cálculo não leva em consideração a sobrevivência de vestígios que se parecem com casas, mas que não eram ou que não deixaram traços visíveis no século IV. Tais fatos podem tanto aumentar as chances de identificação errônea quanto aumentar a possibilidade de as ruínas veneradas serem de algo que não uma casa.

Uma outra linha argumentativa advém das minhas análises recentes de cavernas-igrejas de outros lugares da Terra Santa durante os períodos romano e bizantino. Essas pesquisas têm demonstrado que cavernas sob igrejas, ou usadas como tal, são muito mais raras na região do que os arqueólogos costumavam supor.

Eliya Ribak, uma das minhas ex-alunas, compilou para o seu doutorado um catálogo de 189 estruturas religiosas conhecidas quando de sua pesquisa sobre a Terra Santa bizantina. Dessas, 139 ela considerou igrejas, e a maioria das demais, sinagogas. Somente 18 (12,9%) das estruturas interpretadas como igrejas eram igrejas-cavernas ou igrejas construídas sobre tumbas ou cavernas mais antigas.

A maioria dessas cavernas-igrejas era parte de monastérios. Quando isso ocorria, a caverna estava associada à veneração de um santo, não raro o fundador do monastério. Nenhuma dessas cavernas-igrejas monásticas era inteiramente artificial, embora algumas fossem cavernas naturais retrabalhadas para deixá-las mais semelhantes a igrejas. Um elemento distinto dessas cavernas-igrejas monásticas do período bizantino é que os monges procuravam deliberadamente as cavernas, por considerá-las "igrejas construídas por Deus". Outras eram utilizadas como celas monásticas ou retiros.

Existe, porém, um pequeno grupo de oito cavernas artificiais associado a lugares de peregrinação de fins do período romano ao bizantino. Minha análise recente encontrou um interessante e inesperado padrão relativo a elas. Cada uma estava associada a episódios da história de Cristo e dos apóstolos presentes em fontes escritas. Em alguns, essa identificação claramente precedia o século IV, quando o cristianismo tornava-se cada vez mais aceito no Império Romano. Parece, portanto, que mesmo antes do século IV os cristãos estavam identificando eventos referidos nos evangelhos em certos sítios que, depois, virariam lugares de peregrinação. Essa evidência também sugere que eles construíam cavernas artificiais para indicar esses sítios.

Quando registrados pela primeira vez em fontes escritas, cada uma dessas cavernas celebrava um diferente evento da história evangélica. Isso significa que podiam ser visitadas em uma sequência que contava toda a narrativa dos evangelhos por meio de suas passagens mais importantes. É como se houvesse, então, uma trilha peregrina cristã anterior ao século IV.

A Grande Caverna no sítio das Irmãs de Nazaré era uma daquelas oito cavernas artificiais. Ainda que nenhum objeto anterior ao século IV tenha sido encontrado dentro dela, a caverna-igreja pode ter sido construída antes desses achados. Seja como for, ela precisa datar do período romano, pois é posterior à Tumba 2.

No sítio das Irmãs de Nazaré, como vimos, a associação mais antiga da caverna é com a casa de Maria – mais tarde compreendida como o lugar da Nutrição, onde Jesus fora criado. É interessante que a sequência indicada pelas outras sete cavernas tenha uma "lacuna" que precisamente essa associação poderia preencher. Se assim for, a associação entre o sítio das Irmãs de Nazaré com a casa onde Jesus cresceu pode preceder o século IV, muito embora não haja nenhum registro escrito anterior a 380.

Como consequência, tanto do ponto de vista histórico quanto arqueológico, não podemos afirmar peremptoriamente que a Estrutura 1 era a casa onde Jesus cresceu. Essa informação não pode ser nem comprovada nem refutada. Mas permanece possível.

Mesmo se a Estrutura 1 não tiver sido o lugar exato onde Jesus cresceu, ainda assim aquela locação pode muito bem estar no sítio das Irmãs de Nazaré, talvez onde a ocupação do século I pode estar indicada sob o jardim das freiras. Mas também pode estar em alguma outra parte de Nazaré.

O que pode ser estabelecido com certeza, a partir da pesquisa histórica e arqueológica, é que Jesus existiu e esteve associado ao local hoje conhecido como Nazaré. É igualmente indiscutível que um assentamento existia àquela época, no que hoje é o centro de Nazaré, onde a moradia de infância de Jesus estava localizada.

Além disso, nada que se conhece a partir da pesquisa histórica ou arqueológica contradiz o que foi dito nos evangelhos sobre Nazaré ou o tempo que Jesus passou por lá.

A esse respeito, é interessante refletir sobre o que as evidências arqueológicas da Nazaré do século I podem nos contar a respeito do lugar nos anos entre o retorno de Jesus, ainda criança, do Egito e o início de seu ministério, algo que está largamente ausente dos evangelhos.

6.9 E se a casa do sítio das Irmãs de Nazaré realmente for a casa da infância de Jesus?

A única evidência escrita sobre a casa onde Jesus cresceu está nos evangelhos. Os textos de Marcos e Mateus fazem referência à família de Maria e José. Eles mencionam os nomes dos filhos, Tiago, José (homônimo ao pai), Judas (que não é o mesmo que viria a traí-lo), Simão, além de filhas cujos nomes desconhecemos. Podemos considerá-la uma família típica do contexto galileu do século I, e todos (inclusive Jesus) tinham nomes muito comuns à cultura judaica do século I.

Mais uma vez não há nada de improvável sobre tudo isso. Nem, como já vimos, é implausível que José fosse um *tekton* em Nazaré que passou seu ofício para Jesus. Se um outro grupo de textos escritos no espaço de um século desse tais informações sobre uma outra família, os historiadores considerariam isso normal e provavelmente aceitariam sem maiores discussões.

É possível que uma tal família possa ter vivido na casa do sítio das Irmãs de Nazaré. Pouco importa se adotamos a interpretação de que se tratava de uma casa com pátio parcialmente talhada na rocha ou se a consideramos uma cabana para trabalhadores das pedreiras (para essa discussão, cf. o capítulo 5). O fato é que havia espaço para nove ou dez pessoas comerem e dormirem na Estrutura 1.

Os objetos encontrados na Estrutura 1 (panelas de cerâmica, fragmentos de recipientes de calcário, a fusiola) poderiam ser (como vimos no capítulo 5) o que se esperaria encontrar numa casa ordinária. Indicam nem grande fortuna nem miséria, tal e qual a maioria das moradias galileias daquela época. Logo, os achados da casa sugerem a vida normal de uma família judia daquele tempo e local. Não há nada de incomum a respeito deles.

Esperaríamos que um *tekton* vivesse nos limites do assentamento, onde pudesse ter acesso a madeira e/ou pedra mais facilmente do que na área central. Se o sítio das Irmãs de Nazaré estava na periferia da Nazaré do século I, isso poderia explicar o posterior avanço, primeiro das pedreiras e depois das tumbas, nesse local onde a ocupação havia se encerrado.

Muito mais interessante nesse particular é que a construção das estruturas do sítio das Irmãs de Nazaré, como vimos no capítulo 5, indica considerável conhecimento das propriedades da geologia local. Demonstra também alto grau de habilidade no uso e no trabalho com a pedra, de modo que a Estrutura 1 poderia muito bem ter sido construída por um *tekton*.

Como já discutimos antes, a evidência arqueológica sugere que Jesus cresceu no que era, para os padrões locais e contemporâneos, uma comunidade judaica bastante conservadora. O povo de Nazaré parece ter se distanciado conscientemente das vizinhanças mais cosmopolitas, como Séforis. Seu vínculo à lei religiosa judaica está bem-atestado pela arqueologia.

Como consequência, pregar a mensagem inclusiva vista nos evangelhos (uma mensagem de salvação para os judeus e todos os outros) pode ter sido extremamente impopular naquela comunidade. Além disso, em adição à passagem evangélica sobre Jesus afirmando ser o há muito esperado Messias ao pregar na sinagoga de Nazaré, pode ter facilmente provocado as reações violentas que os evangelhos narram.

A arqueologia também sugere que o povo de Nazaré pode ter tido vínculos um tanto recentes com a área de Jerusalém. Consequentemente, não seria surpresa se nazarenos viajassem até lá por motivos religiosos – como no único detalhe da infância de Jesus citado nos evangelhos. Tal fato também torna possível que famílias nazarenas mantivessem contatos com a Judeia, como narra a história da Natividade, da associação de José com Belém (vizinha a Jerusalém).

Há, portanto, razão para sugerir que a arqueologia de Nazaré pode conferir credibilidade às breves passagens evangélicas sobre o tempo que Jesus passou naquela cidade, sobre o ofício de José e as conexões com a Judeia. Novamente, a arqueologia não pode confirmar que esses eventos aconteceram, mas não apresenta nenhuma razão para considerá-los implausíveis.

Em contraste, a arqueologia refuta a crença moderna de que a Nazaré do século I jamais existiu. Tal afirmação pode ser demonstrada como definitivamente incorreta pelas evidências apresentadas nos capítulos 2 e 5. E também lança severas dúvidas sobre certas asserções do século XX referentes aos vínculos entre Jesus e a cultura romana. Parece-nos altamente improvável que as crenças ou atitudes de qualquer um que vivesse na Nazaré do século I pudessem ser influenciadas pela religião politeísta romana ou pela filosofia grega, quando os nazarenos nem sequer usavam panelas e lamparinas feitas por não judeus.

Pelo mesmo motivo a hipótese levantada durante o século XX, e popular entre especialistas bíblicos, de que Jesus ou José foram a Séforis para trabalhar é improvável. É mais verossímil que a gente de Nazaré jamais fosse até aquela cidade – curiosamente, Séforis jamais é citada nos evangelhos.

A relativamente isolada "ilha" interior de judaísmo conservador que era Nazaré pode muito bem ter estabelecido os horizontes do contato da infância de Jesus com o mundo exterior. Outras comunidades religiosas judaicas podem ter constituído uma rede de contatos aceitáveis com o povo de Nazaré – incluindo, talvez, relações sociais como aquela representada na história das bodas de Caná.

Ou seja, a arqueologia pode informar nossa compreensão do contexto da infância e do começo da vida adulta de Jesus. Ela pode dar apoio à credibilidade das histórias evangélicas sobre Nazaré. Pode ser igualmente empregada para refutar as hipóteses "miticistas" de que a Nazaré do século I era um lugar fictício. Por outro lado, nem contradiz nem acrescenta nada do que narram os evangelhos sobre o tempo de Jesus em Nazaré.

6.10 Conclusão

Se a Estrutura 1 no sítio das Irmãs de Nazaré for a verdadeira casa onde Jesus foi criado, seria uma descoberta impressionante. Ela nos permitiria identificar evidências materiais diretamente associadas a Ele. Mas é impossível afirmar isso com certeza.

Ainda assim, a arqueologia pode nos dizer muito mais a respeito do lugar da Nazaré do século I e da vida quotidiana de seus habitantes do que as fontes escritas. Nenhum desses materiais entra em qualquer conflito com as crenças cristãs sobre Jesus.

Os 20 pontos que se seguem estão entre aqueles estabelecidos pela pesquisa arqueológica discutida neste livro:

1. Um assentamento do século I existiu no mesmo lugar da atual cidade de Nazaré.
2. Esse assentamento era, muito provavelmente, idêntico à Nazaré dos evangelhos.
3. O assentamento ficava no centro da moderna cidade, incorporando tanto a Igreja da Anunciação quanto o sítio das Irmãs de Nazaré.
4. O assentamento inicial do século I originou-se em fins do período helenístico, sendo, então, continuamente ocupado até fins do período romano e mais além.
5. Com base na arqueologia, é possível que pessoas dessa comunidade tenham migrado da área à volta de Jerusalém em fins do período helenístico, mantendo vínculos com sua região de origem.
6. Conquanto o tamanho exato do assentamento do século I não possa ser avaliado com base nas evidências atuais, era bem maior do que uma vila com umas poucas casas.

7. Algumas das casas da Nazaré do século I eram bem construídas e tinham vários cômodos, associados a objetos que indicam uma vida quotidiana acima do mero nível de subsistência.
8. A analogia mais próxima para sua evidência arqueológica no âmbito dos assentamentos vizinhos está em Yafi'a, normalmente considerada uma pequena cidade.
9. Há evidências de homens e mulheres nesse assentamento, e tal fato (combinado a indícios estruturais) apontam para uma população de grupos familiares.
10. O assentamento tinha uma economia agrícola mista, com gente cuidando de rebanhos de corte e leiteiro e cultivando cereais, azeitonas, uvas e outros plantios na área, hoje, sob a moderna cidade e provavelmente no vale entre Nazaré e Séforis.
11. As colheitas eram processadas e armazenadas no assentamento numa escala que sugere ter servido como um centro local, ou seja, uma "pequena cidade/vila" que atuava como lugar central da região.
12. Tratava-se de uma comunidade exclusivamente judaica, religiosa e possivelmente preocupada com a pureza ritual.
13. Deveria haver pouco ou nenhum contato entre a Nazaré do século I e Séforis, em que pese sua proximidade, devido à escolha deliberada por parte dos nazarenos de se manterem afastados de Séforis.
14. Havia muito artesanato no assentamento de Nazaré.
15. A comunidade também estava envolvida na extração de pedras para construção, talvez mais do que em outras localidades vizinhas.
16. Embora muito provavelmente o assentamento não tenha tido envolvimento direto na Primeira Revolta Judaica, seus habitantes construíram esconderijos, sugerindo que foram

afetados pelos eventos ocorridos entre 66-70 d.C. – ou, pelo menos, suspeitaram que seriam afetados.

17. Tumbas escavadas na rocha indicam um influxo de gente rica e de *status* elevado entre meados e fins do século. Essas tumbas apresentam similaridades com aquelas da área de Jerusalém. Nenhuma pode ser precisamente datada como anterior a meados do século I d.C.
18. De fins do período romano em diante, possivelmente até antes, peregrinos cristãos foram ao assentamento acreditando que era lá a Nazaré mencionada nos evangelhos.
19. Um centro de peregrinação estabeleceu-se a partir do século IV, focando lugares (incluindo a Igreja da Anunciação e o sítio das Irmãs de Nazaré) associados a eventos específicos ou a pessoas mencionadas nos evangelhos.
20. A Caverna da Anunciação e o sítio das Irmãs de Nazaré, ambos pontos para a construção de igrejas a partir do século IV, estavam em uso já no século I d.C.

Claro, nada disso vem afirmar que as fontes escritas não têm valor para a compreensão da Nazaré de Jesus. Elas atestam e conferem temporalidade à sua existência histórica, à sua relação com Nazaré, ao envolvimento de José e sua família com ofícios relativos à construção, à presença de literacia e de (alguma forma de) uma sinagoga no assentamento, além de nos permitir localizar e dar nome a Nazaré. Em fins do século I d.C., fontes textuais também localizam uma das famílias sacerdotais de Jerusalém em Nazaré. Todo esse conhecimento seria impossível a partir das fontes arqueológicas existentes.

É impressionante o quanto as fontes escritas sobre a Nazaré do período romano se correlacionam às evidências arqueológicas. Elas nos revelam informações complementares (e não contraditórias) sobre aquela comunidade do século I.

Ou seja, quer se aceite a identificação da Estrutura 1 no sítio das Irmãs de Nazaré como a "casa de Jesus", quer a considere uma simples estrutura doméstica daquele mesmo assentamento, a pesquisa arqueológica deu uma contribuição significativa à compreensão do relato evangélico sobre Nazaré enquanto lugar. Há, portanto, uma verdadeira arqueologia de Jesus de Nazaré.

Referências

Publicações nas quais este livro é largamente baseado

DARK, K. *Returning to the caves of Mystery*: texts, archaeology and the origins of Christian topography and pilgrimage in the Holy Land. Strata, v. 38, p. 103-124, 2020a.

DARK, K. *Roman-period and Byzantine Nazareth and its hinterland.* Nova York: Routledge, 2020b.

DARK, K. *The Sisters of Nazareth Convent*: a Roman-period, Byzantine and Crusader site in Central Nazareth. Nova York: Routledge, 2021.

Trabalhos particularmente relevantes publicados a partir de 2020

ADLER, Y. Ritual purity in daily life after 70 CE: the chalk vessel assemblage from Shu'afat as a test case. *Journal for the Study of Judaism*, v. 52, n. 1, p. 39-62, 2020.

ADLER, Y. *et al*. Geochemical analyses of Jewish chalk vessel remains from Roman-era production and settlement sites in the Southern Levant. *Archaeometry*, v. 63, n. 2, p. 266-283, 2021.

FIENSY, D. *The archaeology of daily life*: ordinary persons of Late Second Temple Israel. Eugene: Wipf & Stock Publishers, 2021.

HARPER, K. *et al*. Establishing the provenance of the Nazareth Inscription: using stable isotopes to resolve historic controversy and trace ancient marble production. *Journal of Archaeology: Reports*, n. 30, p. 1-20, 2020.

SHERMAN, M.; WEISS, Z.; YASUR, G. Chalkstone vessels from Sepphoris: Galilean production in Roman times. *Bulletin of American Schools of Oriental Research*, v. 383, n. 1, p. 79-95, 2020.

Relatórios de trabalhos de campo especialmente relevantes da Autoridade de Antiguidades de Israel (IAA) desde 2020

AVSHALOM-GORNI, D. *et al*. Migdal ha-'Emeq. *Hadashot Arkheologiyot*, v. 133, 2021. Disponível em: https://www.hadashot-esi.org.il/report_detail_eng.aspx?id=25951&mag_id=133 – Acesso em: 10 out. 2024.

BRON, H. (E.). Yafi'a. *Hadashot Arkheologiyot*, v. 134, 2022. Disponível em: https://www.hadashot-esi.org.il/report_detail_eng.aspx?id=26111&mag_id =134 - Acesso em: 10 out. 2024.

COHEN, M. Yafi'a. *Hadashot Arkheologiyot*, v. 133, 2021. Disponível em: https://www.hadashot-esi.org.il/report_detail_eng.aspx?id=25944&mag_id=133 - Acesso em: 10 out. 2024.

SHARVIT, J. *et al*. En Zippori. *Hadashot Arkheologiyot*, v. 134, 2022. Disponível em: https://www.hadashot-esi.org.il/Report_Detail_Eng.aspx?id =26165 - Acesso em: 10 out. 2024.

SHEMER, M. 'Illut. *Hadashot Arkheologiyot*, v. 133, 2021. Disponível em: https://www.hadashot-esi.org.il/report_detail_eng.aspx?id=26095&mag_id=133 - Acesso em: 10 out. 2024.

Leituras complementares

AVIAM, M. *Jews, pagans and Christians in the Galilee – 25 years of archaeological excavations and surveys*: Hellenistic to Byzantine periods. Rochester: Rochester University Press, 2004.

FIENSY, D. A.; STRANGE, J. R. (orgs.). *Galilee in the Late Second Temple and Mishnaic periods*: the archaeological record from cities, towns and villages. Fortress Press, 2014-2015, 2 vol.

LUFF, R. M. *The impact of Jesus in first-century Palestine*. Cambridge: Cambridge University Press, 2019.

MAGNESS, J. *Stone and dung, oil and spit*: Jewish daily life in the time of Jesus. Grand Rapids: Eerdmans, 2011.

RYAN, J. J. *From the passion to the church of the holy sepulchre*: memories of Jesus in place, pilgrimage, and Early Holy sites over the first three centuries. Nova York: Bloomsbury, 2021.

Índice

H

I

J

K

L

M

N

P

EDITORA VOZES LTDA.
Rua Frei Luís, 100 – Centro – Cep 25689-900 – Petrópolis, RJ
Tel.: (24) 2233-9000 – E-mail: vendas@vozes.com.br